Budismo

Para leigos

Edição de Bolso

CB018615

Budismo

Para
leigos
Edição de Bolso

Jonathan Landaw e Stephan Bodian

ALTA BOOKS
EDITORA
Rio de Janeiro, 2018

Budismo Para Leigos® — Edição de Bolso

Copyright © 2018 da Starlin Alta Editora e Consultoria Eireli. ISBN: 978-85-508-0384-5

Translated from original Buddhism For Dummies. Copyright © 2003 by John Wiley & Sons, Inc. ISBN 978-0-7645-5359-2. This translation is published and sold by permission of John Wiley & Sons, Inc., the owner of all rights to publish and sell the same. POR-TUGUESE language edition published by Starlin Alta Editora e Consultoria Eireli, Copyright © 2018 by Starlin Alta Editora e Consultoria Eireli.

Impresso no Brasil — 1ª Edição, 2018 — Edição revisada conforme o Acordo Ortográfico da Língua Portuguesa de 2009.

Publique seu livro com a Alta Books. Para mais informações envie um e-mail para autoria@altabooks.com.br

Obra disponível para venda corporativa e/ou personalizada. Para mais informações, fale com projetos@altabooks.com.br

Produção Editorial	Produtor Editorial	Marketing Editorial	Gerência de Captação e Contratação de Obras	Vendas Atacado e Varejo
Editora Alta Books	Thiê Alves	Silas Amaro	autoria@altabooks.com.br	Daniele Fonseca
		marketing@altabooks.com.br		Viviane Paiva
Gerência Editorial	**Produtor Editorial (Design)**		**Ouvidoria**	comercial@altabooks.com.br
Anderson Vieira	Aurélio Corrêa		ouvidoria@altabooks.com.br	
Equipe Editorial	Adriano Barros	Ian Verçosa	Kelry Oliveira	Viviane Rodrigues
	Aline Vieira	Illysabelle Trajano	Paulo Gomes	
	Bianca Teodoro	Juliana de Oliveira	Thales Silva	
Tradução	**Copidesque**	**Revisão Gramatical**	**Revisão Técnica**	**Diagramação**
Andréa Dorce	Wendy Campos	Tatiana Lutz	Pedro Henrique Penna Firme	Luisa Maria Gomes
		Maria José Sant'anna	Condutor de Pujas e instrutor	
		Carolina Gaio	da prática de Yoga e Meditação.	
			Dedicou-se a atividades no	
			Templo Budista de Santa Teresa e	
			Instituição Cultural Krishnamurti.	

Erratas e arquivos de apoio: No site da editora relatamos, com a devida correção, qualquer erro encontrado em nossos livros, bem como disponibilizamos arquivos de apoio se aplicáveis à obra em questão.

Acesse o site www.altabooks.com.br e procure pelo título do livro desejado para ter acesso às erratas, aos arquivos de apoio e/ou a outros conteúdos aplicáveis à obra.

Suporte Técnico: A obra é comercializada na forma em que está, sem direito a suporte técnico ou orientação pessoal/exclusiva ao leitor.

A editora não se responsabiliza pela manutenção, atualização e idioma dos sites referidos pelos autores nesta obra.

Dados Internacionais de Catalogação na Publicação (CIP) de acordo com ISBD

B667b Bodian, Jonathan Landaw Stephan

      Budismo para Leigos Edição de Bolso / Jonathan Landaw Stephan Bodian ; tradução de Andréa Dorce. - Rio de Janeiro : Alta Books, 2018.
      256 p. ; il. ; 12cm x 17cm.

      Tradução de: Buddhism For Dummies - Pocket
      Inclui índice.
      ISBN: 978-85-508-0384-5

      1. Religião. 2. Budismo. I. Dorce, Andréa. II. Título.

2018-1124

      CDD 294
      CDU 294

Elaborado por Vagner Rodolfo da Silva - CRB-8/9410

Rua Viúva Cláudio, 291 — Bairro Industrial do Jacaré
CEP: 20.970-031 — Rio de Janeiro (RJ)
Tels.: (21) 3278-8069 / 3278-8419
www.altabooks.com.br — altabooks@altabooks.com.br
www.facebook.com/altabooks — www.instagram.com/altabooks

Sobre os Autores

Jonathan Landaw nasceu em Paterson, Nova Jersey, em 1944, e cursou a Dartmouth College, em New Hampshire. Lá, fez um curso sobre religiões asiáticas lecionado por uma das maiores autoridades em pensamento chinês, o professor Wing-tsit Chan.

Em 1972, Jon estudava o Budismo em tempo integral e trabalhava como editor de língua inglesa dos textos que eram produzidos pela Translation Bureau of His Holiness the Dalai Lama, na Biblioteca de Obras e Arquivos Tibetanos, em Dharamsala, Índia. Embora tenha recebido treinamento sobre outras tradições do Budismo durante essa época, a maioria de seus estudos e práticas aconteceu sob a orientação de lamas tibetanos, mais particularmente Geshe Ngawang Dhargyey (1925–1995), Lama Thubten Yeshe (1935–1984) e Lama Zopa Rinpoche. Em 1977, Jon voltou para o Ocidente, embora tenha feito visitas periódicas à Índia e ao Nepal desde então. Durante o período em que viveu na Inglaterra, na Holanda e nos Estados Unidos, continuou seus estudos e seu trabalho editando livros budistas para publicação. Também é autor dos livros *Prince Siddhartha*, a história da vida de Buda recontada para crianças, e *Images of Enlightenment*, uma introdução à arte sagrada do Tibete. Além disso, ofereceu cursos de meditação em centros budistas de todo o mundo por mais de 25 anos. Vive em Capitola, Califórnia, com sua esposa e três filhos.

Stephan Bodian começou a praticar meditação Zen em 1969 e foi ordenado monge em 1974, após estudar sobre o Budismo e outras religiões asiáticas na Columbia University. Teve a sorte extraordinária de ser treinado sob a orientação de diversos mestres Zen, incluindo Shunryu Suzuki Roshi, Kobun Chino Roshi e Taizan Maezumi Roshi. Em 1982, após um período como monge-chefe e diretor dos treinamentos no Zen Center de Los Angeles, deixou a vida monástica para estudar psicologia. Logo depois, casou-se e constituiu família.

Além de ser autor de diversos livros, inclusive *Meditação Para Leigos*, e de diversos artigos para revistas, Stephan foi diretor-chefe da revista Yoga Journal durante dez anos. Atualmente, atua como psicoterapeuta licenciado, treinador pessoal, consultor de escrita e conselheiro espiritual, ao mesmo tempo que oferece cursos intensivos e retiros dedicados ao despertar espiritual. É possível contatá-lo em www.meditationsource.com [conteúdo em inglês].

Dedicatória

À minha mãe, Ida M. Landaw, por seu amor e apoio irrestritos. E à memória de meu pai, Louis Landaw, e de meu amado amigo espiritual, Lama Thubten Yeshe.

— Jon Landaw

Aos meus mestres, com gratidão irrestrita, e ao despertar de todos os seres em todos os lugares.

— Stephan Bodian

Agradecimentos dos Autores

Embora seja impossível agradecer a todos os que participaram desta obra, existem agradecimentos que não podem ser esquecidos. Primeiro, devo agradecer a meu coautor, Stephan Bodian, por seu conhecimento e julgamento sólidos, ao oferecer a este livro a amplitude e o equilíbrio intelectual que sem ele a obra nunca teria.

Também gostaria de agradecer a Carol Susan Roth, minha agente literária, por esta obra; a Tracy Boggier, da Wiley Publishing, por supervisionar sua produção; e ao nosso copidesque, Mike Baker, por suas várias sugestões. Ao nosso generoso e incentivador produtor, Allyson Grove, devo mais agradecimentos do que poderia expressar.

Também gostaria de agradecer a Andy Weber, por seus lindos desenhos, e a Dolma Beresford, da Nomad Pictures, por fornecer uma série de fotografias. Além disso, gostaria de expressar minha gratidão a T. Yeshe, antiga monja budista e, durante muitos anos, uma mestra associada à Fundação para a Preservação da Tradição Mahayana; agradeço a Katherine Thanas, abade do Santa Cruz Zen Center; e a Bob Stahl, antigo monge Theravada e atual mestre de redução do estresse com base na plena atenção no El Camino Hospital; à Santa Cruz Medical Clinic, por ler e oferecer sugestões bem-vindas ao manuscrito; ao venerável Ajahn Amaro e Richard Kollmar, por suas contribuições precisas.

Quero também expressar minha gratidão, por seu auxílio inestimável ao me oferecer um computador e pela ajuda para usá-lo adequadamente, a Susan Marfield, Victoria Clark, Yorgos Hadzis, Sharon Gross, Dennis Wilson e Elizabeth Hull.

Ainda destaco o Dr. Kevin Zhu e seus assistentes do Five Branches Institute, em Santa Cruz, e a minha querida amiga Karuna Cayton, por me ajudar em alguns fragmentos particularmente difíceis, além de George e Betsy Cameron, cuja generosidade é uma fonte constante de estupefação para mim. E, a todos os mestres que me orientaram ao longo do caminho espiritual, simplesmente ofereço esta obra, na esperança de que reflita uma pequena parte da compreensão e compaixão que eles sempre demonstraram. E, por fim, agradeço a Truus Philipsen e nossos filhos, Lisa, Anna e Kevin: obrigado por estarem em minha vida.

— Jon Landaw

Qualquer fragmento de sabedoria budista que eu tenha trazido para este livro pode ser atribuído à graça de meus amados mestres e ao apoio de meus adorados amigos e colegas. Em especial, gostaria de agradecer a meu primeiro mestre Zen, Kobun Chino Otogawa, que me apresentou as profundezas do dharma e agiu como um mestre espiritual e irmão mais velho durante meus anos de formação como praticante; a meu guru, Jean Klein, que incorporou os ensinamentos dos grandes mestres Zen e incitou o primeiro despertar; e a Adyashanti — irmão de dharma, amigo do peito —, em cuja presença a verdade finalmente se aclamou.

No dia a dia, meus queridos amigos foram uma fonte constante de encorajamento, especialmente meu grupo das quintas-feiras; os velhos amigos Katie Darling, Barbara Green, John Welwood e Roy

Wiskar; e, acima de tudo, a minha esposa, Lis, pois sem seu constante amor e apoio em todos os âmbitos este livro nunca existiria. Meu sincero agradecimento a todos vocês!

Também gostaria de agradecer ao Reverendo David Matsumoto, venerável Ajahn Amaro e Dechen Bartso, por ocupar seu tempo respondendo às minhas perguntas detalhadas sobre a prática budista, além de agradecer ao venerável Ajahn Munindo, ao Reverendo Bill Eijun Eidson, a Rosalie Curtis e a Liza Matthews, por contribuírem com imagens inestimáveis para esta obra.

— Stephan Bodian

Sumário

Introdução

O Budismo é mais amplamente conhecido hoje em dia do que era 30 anos atrás, quando nos envolvemos, pela primeira vez, com suas práticas. Dezenas de livros sobre o assunto estão dispostos em prateleiras de livrarias locais e centenas de centros budistas se espalham pelo país. Através deste material, você descobre mais sobre o Budismo, diretamente dos membros de suas várias tradições. O Budismo parece, até mesmo, ter se infiltrado na cultura geral; é possível ouvir regularmente referências casuais a ele em filmes e na TV.

Apesar desse crescente reconhecimento, ainda nos perguntamos o quanto o público, em geral, realmente conhece e entende o Budismo. Apesar do número de livros sobre o assunto, suspeitamos que, com exceção daqueles que seguiram seu interesse de maneira bastante séria, a maioria das pessoas ainda tem apenas uma vaga ideia do que o Budismo é.

Sobre Este Livro

Então, o que fazer se quiser entender mais sobre o Budismo, quando os livros que você leu, até aqui, são muito específicos — abrangendo, por exemplo, apenas uma escola, aspecto ou prática específicos — e você não está pronto para assistir a uma palestra no centro budista local (supondo que haja um)? Bem, o livro que tem em mãos é exatamente o que você procura.

Neste livro, damos uma atenção especial aos principais temas e correntes do Budismo, sem intimidá-lo com o uso de um jargão muito técnico. Como acreditamos que Buda queria que seus ensinamentos fossem considerados um conselho a ser posto em prática — um conselho que é tão relevante à condição humana hoje em dia quanto era há 2.500 anos, quando ele o exprimiu pela primeira vez —, tentamos não adotar uma abordagem puramente teórica do Budismo, em detrimento de uma que mostre a você como é possível aplicar seus ensinamentos em seu cotidiano.

Convenções Usadas Neste Livro

Ao designar datas, usamos os termos AEC (antes da Era Comum) e EC (Era Comum) em vez de a. C. e d. C., que provavelmente são mais familiares a muitas pessoas. Essas designações, relativamente novas, estão sendo mais amplamente usadas e, sendo religiosamente neutras, parecem ser mais apropriadas para um livro dessa natureza. E não se preocupe se as datas apresentadas aqui diferem um pouco das que você encontra em outros livros sobre Budismo. Os historiadores divergem bastante sobre algumas dessas datas; então, simplesmente adotamos aquelas que pareciam mais razoáveis em nosso entendimento.

Além disso, em todo o livro, mencionamos (esperamos que não em demasia) termos técnicos budistas e nomes dos antigos idiomas indianos pali e sânscrito (nos quais as escrituras budistas foram redigidas pela primeira vez), e de alguns outros idiomas asiáticos, como chinês, japonês e tibetano. Sempre que possível, simplificamos a escrita dessas palavras para refletir sua pronúncia aproximada e omitimos a maioria das marcas que os estudiosos desses idiomas geralmente empregam ao escrevê-los usando o alfabeto latino. Se algum estudioso por acaso estiver lendo este livro, não terá problemas para identificar tais termos, mesmo sem as marcas de costume; para todas as outras pessoas, achamos que a apresentação simples e clara é mais fácil de ser compreendida.

Como Este Livro É Organizado

O Budismo é um tema bastante abrangente. Além do fato de os próprios ensinamentos de Buda serem extensos (preenchendo mais de 100 volumes em tradução), uma sucessão de brilhantes comentadores da Índia e de outros países somou seus pensamentos e interpretações aos já existentes. Esse processo produziu uma grande quantidade de escritos e levou ao desenvolvimento de diferentes escolas e tradições budistas. Além disso, conforme o Budismo avançou de um país a outro, adquiriu formas diferentes. O Budismo do Japão, por exemplo, é diferente do Budismo da Tailândia, e é possível, até mesmo, encontrar uma série de formas de práticas distintas dentro do próprio Japão.

Em um trabalho como este, não há como fazermos justiça a todos esses vários aspectos do pensamento e da prática budistas. Em vez disso, combinamos um panorama geral das diferentes tradições e escolas com uma discussão mais aprofundada dos temas mais importantes — os que caracterizam o Budismo como um todo.

Para conferir à nossa apresentação o máximo de clareza e aplicabilidade, agrupamos os tópicos nas seguintes partes, cada uma com o próprio tema unificador.

Parte 1: Introdução ao Budismo

Começamos com um panorama do Budismo, mostrando como ele pode ser considerado ao mesmo tempo uma religião, filosofia existencial e abordagem prática para lidar com os problemas da vida.

Parte 2: Budismo no Passado e no Presente

A história não tem que ser um assunto enfadonho, principalmente quando trata das vidas e feitos de pessoas extraordinárias. Nesta parte, observamos a história do Budismo, começando com a vida de seu fundador, Shakyamuni Buda, incluindo um resumo de seus primeiros e mais básicos ensinamentos.

Parte 3: Budismo na Prática

Nesta parte, tratamos de uma série de questões práticas: Como alguém se torna budista? O que envolve o fato de ser budista? Como o Budismo afeta a maneira como você vive? Resumidamente, o que, de fato, os budistas fazem?

Parte 4: Percorrendo o Caminho Budista

Os ensinamentos de Buda são vastos e compostos por práticas distintas. Nesta parte, mostramos como todos esses métodos, embora diferentes, relacionam-se.

Ícones Usados Neste Livro

Para chamar sua atenção para informações que consideramos particularmente importantes ou interessantes, utilizamos, ao longo dos textos, os ícones que se seguem:

LEMBRE-SE

É válido repetir as informações próximas a esse ícone. Podemos usá-lo para destacar um pensamento expresso em outro lugar no livro ou simplesmente para indicar algo que achamos que é importante, digno de ser lembrado.

DICA

Esse ícone engloba sugestões interessantes sobre maneiras como você pode entender mais profundamente os aspectos do Budismo que estão sendo discutidos.

CUIDADO

Não há necessidade de ficar alarmado com esse ícone. Ele é utilizado para o alertar quanto a áreas que podem causar mal-entendidos — a fim de que você os possa evitar.

PALAVRAS DE SABEDORIA

Próximo a esse ícone estão citações de mestres budistas famosos do passado — incluindo o próprio Buda —, que ilustram o aspecto do Budismo que está sendo discutido.

CASOS E CAUSOS

Esse ícone serve para alertá-lo que estamos narrando novamente uma história budista tradicional ou, talvez, um incidente de ordem mais pessoal.

De Lá para Cá, Daqui para Lá

Você pode abordar este livro de diversas maneiras. O Sumário o ajuda a localizar tópicos específicos do seu interesse e consultá-los diretamente, se desejar. Ou, devido ao fato de cada capítulo deste livro ser bastante autossuficiente, você pode começar a ler em qualquer ponto e pular partes. As referências cruzadas que oferecemos indicam onde você encontra informações adicionais sobre tópicos selecionados.

Também é possível ler este livro da maneira comum e direta: em outras palavras, do começo ao fim. Por último, há também a opção de fazer como muitos preferem: você pode abrir o livro no final e, depois de muitas voltas, ir para o começo. Esperamos que, independente da abordagem que escolher, a leitura seja informativa e agradável.

1
Introdução ao Budismo

Quer descobrir o que o Budismo realmente representa e se ele é uma religião, filosofia, psicologia ou algo mais? Bem, você só precisa olhar as páginas desta parte para encontrar as respostas a essas perguntas. Você será apresentado, através do Budismo, ao entendimento da mente e descobrirá os tesouros que moram no seu interior. Isso representa um convite à leitura!

Capítulo **1**

O que É Budismo?

á não muito tempo, o Ocidente praticamente desconhecia o Budismo. É claro que você pode já ter ouvido falar sobre conceitos budistas na escola, com base nos escritos dos transcendentalistas norte-americanos Thoreau e Emerson (que leram traduções para o inglês de textos budistas, em meados do século XIX). Contudo, o fato é que, se você fosse como a maioria dos indivíduos de classe média, poderia crescer, envelhecer e morrer sem nunca encontrar um praticante do Budismo — exceto, talvez, em um restaurante asiático.

Se alguém quisesse saber sobre o Budismo, as opções de fontes seriam poucas e, quando encontradas, muito dispersas. Com exceção de um raro curso de filosofia oriental em uma grande universidade, você teria que remexer nas prateleiras e pilhas de livros da sua biblioteca local para descobrir algo além dos fatos básicos sobre o Budismo. Os poucos livros que conseguiria tenderiam a o tratar como uma relíquia exótica de uma terra antiga e distante, como uma estátua de Buda empoeirada em um canto escuro da seção asiática de um museu. E era preciso ter sorte se quisesse encontrar um centro budista em que estudar e praticar.

Hoje, a situação não poderia ser mais diferente. Os termos budistas parecem surgir em todo lugar. Você os encontra em uma conversa casual ("É apenas seu *karma*"), na televisão (*Dharma* e Greg) e até mesmo nos nomes de bandas de rock (*Nirvana*). Estrelas famosas de Hollywood, compositores de vanguarda, cantores pop e até mesmo um treinador de basquete profissional altamente bem-sucedido praticam uma ou outra forma de Budismo. (Estamos pensando em Richard Gere, Philip Glass, Tina Turner e Phil Jackson, mas você pode fazer uma lista diferente de celebridades.)

As livrarias e bibliotecas de todos os lugares exibem uma ampla variedade de títulos budistas, alguns dos quais (como, por exemplo, *A Arte da Felicidade*, de Dalai Lama) estão geralmente no topo das listas de best-sellers do *New York Times*. E os centros em que as pessoas podem estudar e praticar o Budismo agora estão presentes na maioria das áreas metropolitanas (e em muitas cidades menores, também).

O que levou a uma mudança tão drástica em apenas algumas décadas? Certamente, o Budismo se tornou mais acessível conforme os mestres budistas asiáticos e seus discípulos levaram a tradição para as Américas e Europa. No entanto, essa é uma questão que envolve mais do que o aumento da disponibilidade. Neste capítulo, daremos ênfase ao apelo que esta antiga tradição tem no mundo altamente secular de hoje, observando alguns dos fatores responsáveis por sua crescente popularidade.

Descobrindo Se o Budismo É uma Religião

Perguntar-se se o Budismo realmente é uma religião pode parecer estranho. Afinal, se você consultar qualquer lista com as principais tradições religiosas do mundo, inevitavelmente encontrará o Budismo sendo proeminentemente mencionado ao lado do Cristianismo, do Islamismo, do Hinduísmo, do Judaísmo, entre outros. Ninguém nunca questiona se essas outras tradições são religiões. Porém, essa dúvida surge constantemente quando o assunto é Budismo. Por quê?

Pergunte à maioria das pessoas o que lhes vem à mente quando pensam em "religião". Provavelmente, mencionarão algo sobre a crença em Deus.

LEMBRE-SE

Se essa fosse a única definição de religião, você definitivamente teria que excluir o Budismo! Por quê? Bem, nós lhe oferecemos dois motivos:

» **Não há um Deus:** A adoração a uma força sobrenatural não é a preocupação central do Budismo. Deus (da forma como o termo é geralmente empregado) está completamente ausente dos ensinamentos budistas — algumas pessoas definem o Budismo como a religião ideal para ateus!

» **Não há um sistema de crenças:** O Budismo não corresponde, primordialmente, a um sistema de crenças. Embora contemple certos princípios fundamentais (como discutimos ao longo da Parte 3), a maioria dos mestres budistas encoraja ativamente seus alunos a adotarem uma atitude *oposta* a crenças ou à fé cega.

Os mestres budistas o aconselham a ser cético em relação aos ensinamentos que recebe, mesmo se vierem diretamente do próprio Buda. (Para saber mais sobre o fundador do Budismo, veja o Capítulo 3.) Não aceite passivamente o que você ouve ou lê; também não rejeite automaticamente. Em vez disso, use sua inteligência. Decida por si próprio se os ensinamentos fazem sentido em termos da sua própria experiência e da experiência dos outros. Como o Dalai Lama do Tibete (veja o Capítulo 15 para mais informações) geralmente aconselha: "Se achar que os ensinamentos se aplicam a você, empregue-os em sua vida o máximo que puder. Se não forem aplicáveis, deixe-os."

LEMBRE-SE

Se o Budismo *não* é primordialmente um sistema de crenças nem centrado na adoração a uma deidade suprema, então, por que é classificado como religião? Porque, como todas as religiões, o Budismo oferece às pessoas que o praticam uma maneira de encontrar respostas às grandes questões da vida, como: "Quem sou eu?", "Por que estou aqui?", "Qual é o sentido da vida", "Por que sofremos?" e "Como posso alcançar a felicidade duradoura?"

Além dos ensinamentos fundamentais sobre a natureza da realidade, o Budismo oferece uma *metodologia* — um conjunto de técnicas e práticas — que permite a seus seguidores experimentar um nível mais profundo da realidade diretamente por si próprios. Em termos budistas, essa experiência envolve o despertar para a verdade de seu ser autêntico, sua natureza íntima. A experiência do despertar é o objetivo máximo de todos os ensinamentos budistas. Algumas escolas enfatizam o despertar mais do que outras (e algumas ainda relegam o despertar ao segundo plano, em seu esquema de prioridades), mas, em todas as tradições, esse é o objetivo final da existência humana — quer seja alcançado nesta vida ou em vidas futuras.

Você não tem que se *afiliar* a uma organização budista para se beneficiar de seus ensinamentos e práticas. Para mais informações sobre os diferentes estágios de envolvimento com o Budismo, veja o Capítulo 6.

Reconhecendo o Papel de Buda: O Desperto

A religião budista funda-se nos ensinamentos transmitidos há 2.500 anos por uma das maiores figuras espirituais da história humana, Shakyamuni Buda. Como explicamos mais detalhadamente no Capítulo 3, ele nasceu na família reinante do clã Shakya, no norte da Índia. Esperava-se que ele algum dia sucedesse seu pai como rei. Em vez disso, o Príncipe Sidarta (como era conhecido na época) renunciou à vida real aos 29 anos, após ver a realidade do grande sofrimento e desilusão do mundo. Ele então partiu para encontrar um meio de superar esse sofrimento.

Finalmente, aos 35 anos, o Príncipe Sidarta alcançou seu objetivo. Sentado sob aquela que ficou conhecida como a *árvore Bodhi* — a árvore da iluminação —, ele alcançou o completo despertar do estado de Buda. A partir de então, ficou conhecido como *Shakyamuni Buda*, o sábio plenamente desperto (*muni*) do clã Shakya.

Ele passou os 45 anos restantes de sua vida peregrinando pela parte norte da Índia, oferecendo seus ensinamentos àqueles que estavam interessados no caminho que leva à libertação do sofrimento através da iluminação plena de um Buda. (A Parte 3 oferece um panorama de todo esse caminho.) Após uma vida de trabalho compassivo para com os outros, ele morreu, aos 80 anos.

A comunidade espiritual budista (*sangha*) padeceu bastante para transmitir os ensinamentos de Shakyamuni da maneira mais autêntica possível — para que pudessem ser transmitidos de uma geração à outra. Esses extensos ensinamentos acabaram por ser escritos, produzindo uma ampla coleção (ou *cânone*) de mais de 100 volumes dos próprios discursos de Buda (*sutras*) e duas vezes esse número de comentários (*shastras*) feitos por mestres indianos posteriores.

Graças aos esforços de cada geração de mestres e seus discípulos, a linhagem dos ensinamentos de Buda (conhecida como *dharma*) permaneceu fundamentalmente intacta até os presentes dias. É por isso que, mesmo após 2.500 anos, o Budismo continua a ser uma tradição viva, capaz de oferecer paz, felicidade e realização a qualquer um que o pratica genuinamente.

LEMBRE-SE

Devido ao fato de Buda ser um mero mortal — e não um deus vivo ou algum super-herói mítico, ele sempre foi mais do que uma figura distante para os budistas; ele é um exemplo vital daquilo que cada um de nós pode alcançar se nos devotarmos de coração ao estudo e à prática do dharma que ele ensinava. Na verdade, uma das verdades fundamentais para a qual ele despertou debaixo da árvore Bodhi foi que todos os seres têm o potencial de se tornarem Budas. Ou, assim como algumas tradições colocam, todos os seres já nascem, essencialmente, Budas — simplesmente precisam despertar para esse fato.

Entendendo a Filosofia do Budismo

Sócrates, um dos pais da filosofia ocidental, afirmou que a vida não examinada não vale a pena ser vivida, e a maioria dos budistas certamente teria concordado com ele. Devido à importância que depositam sobre o raciocínio lógico e a análise racional, muitas tradições e escolas budistas têm uma forte tendência filosófica. Outras colocam mais ênfase na investigação direta, não conceitual e na análise que ocorre durante a prática da meditação. Em qualquer uma dessas abordagens, a experiência pessoal direta baseada na autoconsciência é considerada o fator principal.

Embora o Budismo enfatize a investigação e a experiência diretas, dissemina certos princípios filosóficos que esboçam um entendimento básico da existência humana, que servem como orientação e inspiração para prática e estudo. Ao longo dos séculos, o Budismo, de fato, dividiu-se em uma variedade de escolas e tradições, cada uma com o próprio entendimento mais ou menos elaborado e distinto daquilo que Buda ensinou. Além dos discursos memorizados durante a vida do fundador e registrados após sua morte, diversos outros escritos — que foram atribuídos a ele — surgiram, muitos séculos depois.

LEMBRE-SE

No centro de todos os ensinamentos genuínos do dharma está o entendimento de que o sofrimento e a insatisfação se originam no mesmo ritmo que sua mente responde e reage às circunstâncias da vida — não nos fatos da vida, em si. Em particular, o Budismo ensina que sua mente causa sofrimento a você ao se ater à permanência e ao construir um eu separado, quando, na verdade, nada disso existe.

A realidade é alterada constantemente; assim como o filósofo grego Heráclito disse: "Não há como entrar no mesmo rio duas vezes." O sucesso e o fracasso, o ganho e a perda, o conforto e o desconforto — tudo vai e volta. E você tem apenas um controle limitado sobre as mudanças. Entretanto, é possível exercer um pouco de controle sobre (e, por fim, esclarecer) sua fala, seu pensamento mal orientado, que distorce suas percepções, resiste poderosamente à maneira como as coisas são e causa a você um estresse e sofrimento extraordinários durante o processo.

A felicidade — Buda uma vez disse —, na verdade, é bastante simples: o segredo é querer o que você tem e não aquilo que não tem. Parece algo simples, mas, definitivamente, não é. Você já tentou dominar sua mente inquieta e indisciplinada, mesmo que fosse apenas por pouco tempo? Você já tentou domar sua raiva ou ciúme, controlar seu medo, ou permanecer calmo e sereno diante dos altos e baixos inevitáveis da vida? Em caso positivo, você, sem dúvida, descobriu como é difícil exercer o mínimo de autocontrole — ou autoconsciência. Para se beneficiar do remédio que Buda prescreveu, você tem que o tomar — o que significa que tem que o colocar em prática, por conta própria.

Apreciando a Prática do Budismo

Qualquer pessoa interessada em se beneficiar do Budismo — em vez de, simplesmente, descobrir alguns fatos interessantes sobre ele — deve se perguntar: "Como tomo esse remédio espiritual? Como posso aplicar os ensinamentos de Shakyamuni à minha vida de forma que minha inquietação e insatisfação sejam reduzidas, neutralizadas e, por fim, extintas?" A resposta é a prática espiritual, que adquire três formas no Budismo:

» Comportamento ético

» Meditação (e a sabedoria que a segue)

» Devoção

Vivendo uma vida ética

O comportamento ético é um componente essencial do caminho espiritual budista, difundido desde que o Buda histórico alertou pela primeira vez seus monges e monjas para se absterem de certos comportamentos que os distraíam da busca da verdade. Durante a vida de Buda, seus seguidores reuniram e codificaram essas instruções, o que acabou por se tornar o código moral (*vinaya*), que, mais ou menos da mesma forma, continua a moldar a vida monástica por mais de 2.500 anos. (O termo *monástico* descreve monges e monjas.) Desse código surgiram orientações mais breves, para praticantes leigos (budistas não monásticos), que permaneceram marcadamente semelhantes de uma tradição à outra.

Longe de estabelecer um padrão absoluto de certo e errado, as instruções éticas do Budismo possuem um propósito plenamente funcional — manter os praticantes focados no objetivo de sua prática, que é uma compreensão libertadora sobre a natureza da realidade. Durante seus 45 anos de ensinamento, Buda descobriu que certas atividades contribuíam para aumentar o desejo, apego, inquietude e insatisfação, e levavam ao conflito interpessoal na comunidade, em grande escala. Por outro lado, outros comportamentos ajudavam a manter a mente em paz e focada, e contribuíam para uma atmosfera mais propensa à reflexão e à realização espiritual. Dessas observações, em vez de partirem de qualquer ponto de vista moral abstrato, surgiram as orientações éticas.

Examinando sua vida por meio da meditação

No imaginário popular, o Budismo, definitivamente, é a religião da meditação. Afinal, quem já não viu estátuas de Buda sentado com as pernas cruzadas, os olhos semicerrados, profundamente imerso em reflexão espiritual — ou quem já não apanhou um dos muitos livros disponíveis hoje em dia, voltados a ensinar o básico da meditação budista?

Apesar de todas as explicações, muitas pessoas entendem de maneira errada o papel que a meditação tem no Budismo. Elas presumem erroneamente que você tem de se abster dos acontecimentos da vida normal para ir a um reino pacífico, desapegado e não afetado — até que não sinta mais qualquer emoção ou preocupação quanto às coisas que já importaram para você. Isso, no entanto, não poderia estar mais longe da verdade.

A meditação facilita essa compreensão ao oferecer uma atenção centrada e contínua ao funcionamento de sua mente e de seu coração. Nos primeiros estágios da meditação, você passa a maior parte do tempo consciente, o máximo que pode, de sua experiência — em uma prática budista quase universal, conhecida como *atenção plena*. Você também pode cultivar qualidades emocionais positivas e benéficas, como bondade amorosa e compaixão; ou praticar visualizações de figuras e energia benéficas. Mas, no fim, o objetivo de toda meditação budista é descobrir quem você é, para que, assim, sejam findadas suas buscas e insatisfações. (Para saber mais sobre meditação, veja o Capítulo 7.)

Expressando devoção

Embora Buda não a tenha ensinado explicitamente, a devoção, há muito tempo, é uma prática central budista. Não há dúvidas de que ela começou com a devoção espontânea que os próprios seguidores de Buda sentiam por seu gentil, sábio e compassivo mestre. Após sua morte, os seguidores — inspirados por uma tendência devocional — dirigiram sua reverência aos anciãos iluminados da comunidade monástica e aos restos de Buda, que foram preservados em monumentos conhecidos como estupas.

Conforme o Budismo se espalhou pela Índia e, posteriormente, para outras terras, o principal objeto de devoção se tornou as Três Joias de Buda, dharma e sangha — o grande mestre (e seus sucessores), os ensinamentos em si e a comunidade de praticantes que preservam e sustentam os ensinamentos. Até os dias de hoje, todos os budistas, sejam leigos ou monásticos, *refugiam-se* nas Três Joias (também conhecidas como "Os Três Tesouros" ou "Gema Tripla").

Por fim, em certas tradições do Budismo, a tendência humana natural para a reverência e idealização fez surgir uma série de figuras transcendentais que incorporavam qualidades espirituais especialmente desejáveis. Ao expressar a devoção sincera a essas figuras e ao se imaginar fundindo-se a elas, e, portanto, assumindo suas qualidades despertas, você pode, gradualmente, alterar suas qualidades negativas para positivas e, por fim, alcançar a iluminação completa para seu benefício e o dos seus semelhantes — ou, pelo menos, é isso que essas tradições ensinam.

O estudo e a reflexão ajudam a esclarecer os ensinamentos budistas, mas a devoção cria uma conexão sincera com a tradição, permitindo que você expresse seu amor e apreciação pelos mestres (e ensinamentos), e experimente seu amor e compaixão em troca. Até mesmo tradições como a Zen, que parecem enfatizar menos a devoção em favor da compreensão, têm uma forte subcorrente devocional, que é expressa em rituais e cerimônias, mas que não é sempre visível aos recém-chegados. Para praticantes budistas leigos, que podem não ter tempo ou inclinação para a meditação, a devoção às Três Joias pode até mesmo se tornar sua principal prática. Na verdade, algumas tradições, como o "Budismo da Terra Pura", são primordialmente devocionais.

Dedicando Sua Vida ao Benefício de Todos os Seres

Quando você chega à questão central, o Budismo ensina-lhe que as pessoas que estão ao seu redor estão fundamentalmente interconectadas — inclusive, com você — e são interdependentes — que cada ser ou coisa aparentemente separada, você, inclusive, é meramente uma expressão única de uma única realidade vasta e indivisível. Com essa perspectiva em mente (e no coração), o Budismo o encoraja a dedicar seus esforços espirituais não apenas a si mesmo e aos seus entes queridos, mas também em benefício — e em prol da iluminação — de *todos* os seres (que, na verdade, não podem ser separados de você).

Muitas tradições budistas ensinam aos seus seguidores que eles devem cultivar ativamente o amor e a compaixão pelos outros — não somente em relação àqueles de que gostamos, mas também em relação àqueles que nos perturbam ou de quem podemos sentir hostilidade (em outras palavras, inimigos). Na verdade, algumas tradições acreditam que essa dedicação ao bem-estar, de todas as formas, é a base do caminho espiritual sobre a qual todas as outras práticas estão fundamentadas. Outras tradições permitem que o amor e a compaixão surjam naturalmente, conforme a compreensão se aprofunda e a sabedoria se desenvolve, e instruem os praticantes a dedicar os méritos de suas meditações e rituais a todos os seres.

LEMBRE-SE

Seja qual for o método, os ensinamentos têm a mesma essência: todos os seres são inseparáveis, e algumas tradições até advertem que, no final, você não conseguirá alcançar a felicidade e paz mental duradouras até que todos os seres estejam felizes e em paz, também. A partir dessa percepção, surge o voto de *bodhisattva* (sânscrito para "ser que desperta"), que dedica sua vida à iluminação de todos (veja o Capítulo 14). Até que todos os seres estejam libertos, o bodhisattva acredita que sua missão nessa Terra ainda não foi cumprida. Embora nem todas as tradições budistas percebam o bodhisattva da mesma maneira, todos concordariam que esse espírito está no núcleo do Budismo.

Capítulo **2**

Entendendo Sua Mente

No Capítulo 1, fizemos uma introdução ao Budismo contrastando aquilo que ele *não é* — um sistema rigoroso e rígido de crenças religiosas — com aquilo que ele realmente é — um método prático, com base na experiência, para transformar sua vida.

Neste capítulo, discutimos um pouco sobre o que o Budismo tem a dizer sobre a mente, prestando atenção especial às maneiras como as várias funções da mente moldam tudo — desde seu progresso espiritual às experiências de vida, cotidianas e comuns.

Reconhecendo Como Sua Mente Molda Suas Experiências

Em muitas ocasiões, o próprio Buda disse que a mente cria, molda e experimenta tudo o que acontece, sem uma única exceção. É por isso que, do ponto de vista budista, o que acontece dentro de você (na sua mente) é muito mais importante para determinar se você é feliz ou infeliz do que qualquer uma das circunstâncias externas de sua vida.

Espere um minuto. O que você acabou de ler parece razoável? O funcionamento interno de sua mente realmente tem um efeito maior em você do que, digamos, suas posses ou os ambientes que frequenta? Afinal de contas, grandes empresas e agências de publicidade gastam bilhões de dólares todos os anos tentando convencê-lo de que o oposto é verdade! Do ponto de vista deles, sua melhor chance de alcançar a felicidade é comprar o que estão vendendo. Eles apelam para aquilo que *Jon* gosta de chamar de a mentalidade "se ao menos": se ao menos você tivesse um carro chique, morasse em uma casa maior, fizesse gargarejo com um antisséptico bucal mais forte e usasse um papel higiênico mais macio — então você seria verdadeiramente feliz. Mesmo que não acredite em tudo o que os publicitários lhe dizem, você aceita o fato de que são as condições externas de sua vida que determinam se você está bem?

LEMBRE-SE

Quanto mais de perto você observar, mais claramente verá (se os ensinamentos budistas estiverem corretos quanto a esse ponto) que sua atitude mental é o que determina, principalmente, a qualidade de sua vida. Não estamos dizendo que as circunstâncias externas não são válidas, nem estamos tentando dar a entender que uma pessoa tem de abrir mão de todas as suas posses para ser um aspirante a espiritualista legítimo. Mas, sem desenvolver seus recursos *internos* de paz e estabilidade mental, nenhum sucesso mundano — seja ele mensurado em termos de riqueza, fama, poder ou relacionamentos — acarretará em satisfação real. Ou, como alguém uma vez disse: "O dinheiro não compra a felicidade; ele só permite que você escolha sua forma particular de tristeza."

A influência mente–corpo também funciona no sentido inverso. Trabalhar demais, por exemplo, pode resultar em muitas doenças físicas, inclusive úlceras estomacais, colite (inflamação do intestino grosso) e pressão sanguínea alta. Essa conexão não foi abandonada.

Abordando a Mente a Partir das Três Perspectivas Budistas Diferentes

As várias tradições budistas têm sua forma particular de citar a mente e seu papel no desenvolvimento espiritual. Para esclarecer a ideia da riqueza e da variedade desses pontos de vista, mencionamos, brevemente, a abordagem das três principais tradições budistas no Ocidente, hoje:

» A tradição budista Theravada, do sudeste da Ásia, segue a análise detalhada da mente oferecida na seção *abhidharma*, ou "aprendizado superior", dos ensinamentos de Buda. (Para saber mais sobre as três seções, ou "cestas", dos ensinamentos de Buda, veja o Capítulo 4.) Esses aprendizados extensos dividem as funções da mente em categorias distintas, como primária e secundária, habilidosa e não habilidosa, e assim por diante. Essa análise psicológica o ajuda, de forma precisa, a entender quais das muitas funções mentais diferentes (um sistema abhidharma identifica quase 50 delas!) surgem em um determinado momento. Quanto mais habilidade você tiver para identificar a natureza complexa e sempre mutável dessas funções mentais conforme surgirem, mais capacidade terá para interromper a ilusão prejudicial de uma identidade sólida e imutável, baseada no ego (conforme explicamos no Capítulo 13), e para alcançar a libertação espiritual.

» Muitos seguidores sérios da tradição budista Vajrayana também estudam os ensinamentos abhidharma para lidar com a mente, as muitas funções mentais diferentes, e assim por diante. Além disso, o Vajrayana oferece técnicas para entrar em contato com o que se chama de *mente de luz clara*, um estado extasiante de consciência no núcleo do seu ser que é muito mais poderoso do que qualquer estado mental comum. Ao adquirir controle desse tesouro escondido, os meditadores habilidosos (ou iogues da luz clara) acabam com as obstruções mentais rápida e completamente. Essa

> ação os deixa cara a cara com a realidade primordial e, por fim, com a iluminação suprema do próprio estado de Buda.

> **»** De acordo com a tradição Zen budista japonesa, a *grande Mente*, ou *natureza de Buda*, permeia todo o universo. Tudo o que você vivencia, tanto dentro quanto fora de si, não é nada além dessa Mente (com inicial maiúscula). Por outro lado, a *mente pequena*, a mente analítica e conceitual, tende a se identificar como um ego limitado e separado — ou o eu. O despertar espiritual envolve uma mudança na identidade da mente pequena à grande Mente.

Identificando Algumas Maneiras como Sua Mente Funciona

Qualquer discussão sobre algo tão amplo *quanto* a consciência ou *quanto* a conscientização rapidamente torna-se algo vago e abstrato. Por isso, junte-se a nós para observar, em primeiro lugar, as duas maneiras como sua mente costuma permitir que você se torne ciente de seu mundo: através da *percepção* e da *concepção*.

> **»** **Percepção:** Quando você acorda de manhã, sua mente começa a observar o mundo por meio de uma janela — seus sentidos. Discutiremos mais sobre esses sentidos físicos na seção "Reconhecendo os seis principais tipos de consciência" posteriormente neste capítulo. Por ora, considere apenas sua visão. Imagine que você acabou de passar uma noite em um quarto de hotel desconhecido. Ao acordar, abrir os olhos de manhã e olhar ao seu redor, você não vê imediatamente os vários itens do quarto de hotel. Em vez do quadro na parede, por exemplo, você simplesmente vê um arranjo de diferentes formas e cores. Isso é tudo que seus olhos captam diretamente: formas e cores. Então, a concepção entra em cena.

> » **Concepção:** Algum tempo após a percepção ocorrer (pode ser apenas meio segundo ou um tempo consideravelmente maior), você identifica a ordem das formas e cores *como* um quadro. Assim que realiza a conexão, o caminho está aberto para você gerar uma série de ideias adicionais sobre esse quadro. "Eu gosto dele", "É o pior quadro que já vi", "Acho que é um quadro original", "Talvez seja uma reprodução", "Quanto será que custa?", "Acho que ficaria bom no meu quarto". Se você gostar muito do quadro, pode chegar a comprá-lo e, da próxima vez que olhar para ele, também poderá pensar: "Este é o meu quadro." As concepções — um bom quadro, um quadro *ruim*, um quadro caro, o meu quadro — são interpretações que sua mente faz.

Reconhecendo os seis principais tipos de consciência

Devido ao fato de o corpo humano ser equipado de cinco sentidos, você tem cinco tipos de percepções sensoriais, às vezes denominadas como as *cinco consciências sensoriais.* Em alguns textos budistas, os seguintes nomes — um tanto técnicos — são conferidos a elas, embora seu significado seja bastante simples:

» **Consciência auditiva:** Percebe (ou está ciente de) os sons

» **Consciência gustativa:** Percebe os gostos (como amargo, doce e azedo)

» **Consciência olfativa:** Percebe os odores

» **Consciência tátil:** Percebe as sensações corporais (como quente e frio, firme e macio, e assim por diante)

» **Consciência visual:** Percebe as cores e formas.

Esses cinco tipos de percepção sensorial — ou consciência sensorial — obviamente dependem da saúde de seu corpo e de seus órgãos sensoriais. Mas um sexto tipo de percepção não depende tão diretamente de seus sentidos físicos para funcionar. Essa sexta consciência é chamada de *consciência mental*. A consciência mental pode estar ciente de *todos* os itens listados anteriormente — visão, sons, odores, gostos e sensações — e muitos mais.

Observando como certos fatores afetam sua consciência mental

Quando as pessoas falam sobre a mente, geralmente se referem à sexta consciência — a consciência mental. Por exemplo: se você pensar na sua mãe, mesmo que ela more a centenas de quilômetros de distância — ou mesmo se já tiver falecido — poderá dizer: "Estou com minha mãe em mente nos últimos tempos." E se pensar nela com muita veemência, de forma que sua imagem apareça, você então a estará vendo — não com sua consciência *visual*, mas com sua consciência *mental*. Ou, como diz o velho ditado, você a vê no *olho de sua mente*.

A sexta consciência funciona de diferentes formas e afeta tudo em você, inclusive as cinco consciências sensoriais. Por exemplo, a *atenção* — a capacidade de direcionar sua mente — é apenas uma das muitas qualidades diferentes associadas à consciência mental.

Enquanto você está desperto, todos os cinco tipos de percepção sensorial recebem, continuamente, informações de seu ambiente na forma de dados sensoriais brutos, mas a quantidade de atenção que sua mente presta a cada informação nesse fluxo constante de dados varia bastante.

Conforme lê este livro, por exemplo, você presta atenção ao formato das letras e das palavras escritas na página e o faz utilizando sua consciência visual. Mas em que nível você está ciente das sensações táteis (de toque) que são produzidas quando a cadeira (sofá, banco ou balanço) em que você está sentado faz contato com sua pele? Pare por um momento e pense nisso. Se não tivéssemos direcionado sua atenção para essas sensações, você provavelmente não as perceberia. (É claro que a situação seria diferente se você, de repente, se sentasse sobre algo que o espetasse. Não seria preciso a ajuda de ninguém para sentir *esse* tipo de sensação em um nível de consciência pleno.)

Essa breve demonstração só serve para ilustrar que a qualidade de sua consciência sensorial varia bastante e depende de muitos fatores. Em alguns casos — como, por exemplo, quando observa ilusões de ótica —, você pode se enganar completamente sobre o que percebe. As impressões dos sentidos são, notoriamente, incertas. Mas, sob certas circunstâncias bastante específicas, você pode experimentar um nível verdadeiramente surpreendente de consciência sensorial aumentada. Por exemplo: os atletas profissionais geralmente falam sobre estar na zona. Quando isso acontece, todas as ações (e o tempo em si) parecem diminuir de ritmo, independentemente de quão agitadas são. Os atletas dizem que conseguem ver tudo claramente, como se os acontecimentos estivessem em uma supercâmera lenta. Todo o campo de jogo e todos os outros jogadores ficam muito bem focados. É nesse momento que coisas milagrosas acontecem.

Tais mudanças drásticas resultam de um aumento em sua concentração, outro aspecto — ou função — de sua consciência mental. A *concentração* é a capacidade da mente de permanecer resoluta em direção a qualquer objeto para o qual você direcione sua atenção. Assim como as outras capacidades mentais, a concentração pode ser desenvolvida. Na maior parte do tempo, sua concentração fica um tanto dispersa — suave e vaga, como a luz de uma lâmpada comum. Mas, quando sua concentração tem um foco determinado, lembra a luz penetrante de um raio laser. Alguns dos grandes meditadores alcançam um estado particular de concentração, o s*amadhi*, em que sua mente é capaz de atingir compreensões profundas sobre a realidade.

Sentindo suas emoções

Por enquanto, nessa introdução à mente, enfatizamos certas atividades mentais — como investigar, concentrar-se e conceitualizar —, mas elas certamente não são as únicas funções da mente. A consciência mental também inclui suas atitudes e estados emocionais, tanto os positivos quanto os negativos.

Quando os budistas falam de desenvolvimento mental, não estão falando sobre ficar mais esperto. O desenvolvimento mental envolve relaxar a pressão que os estados "negativos" têm sobre sua mente e aumentar a força das qualidades "positivas". (Colocamos essas palavras entre aspas porque "negativo" e "positivo" são apenas termos relativos; não pense que uma parte de sua mente é inerentemente "boa" e outra "má".)

Impulsionar sua inteligência emocional — para tomar emprestada uma frase que se tornou popular, recentemente — depende, em grande parte, de seu desenvolvimento mental e espiritual.

Apreciando a Pureza Fundamental de Sua Mente

Se você leu as seções anteriores deste capítulo, pode ser que tenha algumas perguntas a fazer. Por exemplo: tendo reconhecido que a mente contém elementos negativos e positivos, você pode estar se perguntando se esse padrão se mantém. Por que essa situação mudaria? Há alguma razão para acreditar que as qualidades admiráveis que todos apreciam — como a benevolência, por exemplo — substituirão aquelas responsáveis pela tristeza — como a má vontade? Em outras palavras, o desenvolvimento espiritual pode realmente acontecer?

Percebendo que as ilusões são infundadas

Para responder a essas perguntas, você primeiro precisa reconhecer que sua mente está sempre mudando. Um estado de mente poderosamente negativo, como o ódio, pode surgir em um momento, mas certamente cessará. Essa é a natureza das coisas: elas não duram. (É como diz o ditado popular: "A única constante é a mudança.")

Além disso, nenhum desses estados mentais negativos e perturbadores têm uma base sólida. Todos se fundamentam em conceitos errôneos. Na verdade, ciúme, ódio, ganância e outros sentimentos parecidos levam ao sofrimento e à insatisfação precisamente por estarem fora de sincronia com a realidade. Eles forjam uma imagem enganosa do mundo. Se, por acaso, você achar algo de que goste, a ilusão do apego exagera suas boas qualidades até que essa coisa pareça perfeita e completamente desejável. Então, se descobrir até mesmo o menor defeito nesse objeto, sua raiva e decepção podem fazê-lo parecer insignificante — ou até mesmo repulsivo — aos seus olhos. Que montanha-russa de emoções! Um homem que é totalmente apaixonado por uma mulher, por exemplo, não encontra palavras suficientes para elogiar todas as suas maravilhosas qualidades. Mas, no processo de divórcio, pouco tempo depois, ele não consegue imaginar uma única coisa boa a dizer sobre ela.

Devido ao fato de que as ilusões não têm uma base firme na realidade, podem ser superadas pela sabedoria. (Ou, para colocar em outros termos, podem ser penetradas pela compreensão.) A *sabedoria* é o fator mental positivo e esclarecedor que mostra a você a maneira como as coisas realmente são, não como você erroneamente as imagina. Os outros estados positivos da mente e do coração, como o amor e a compaixão, não são ameaçados pela sabedoria. Na verdade, são fortalecidos por ela.

De fato, algumas tradições do Budismo ensinam que a sabedoria, o amor e a compaixão são qualidades inerentes, que estão no centro do ser. Essas qualidades positivas são mais profundas e confiáveis do que os fatores negativos, que são compreendidos como camadas ou véus. Por isso, mudar para melhor não é apenas possível, é, na verdade, uma volta à sua condição natural e fundamental.

Como entrar em contato, revelar e realizar a pureza fundamental do centro de seu ser? Essa é uma grande questão, para dizer o mínimo. Discutimos o processo de descobrir e realizar sua natureza de Buda em detalhes ao longo da Parte 4.

Budismo no Passado e no Presente

Entrem, senhoras e senhores, e façam um passeio atraente e iluminador pela história do Budismo, que apresenta a vida do próprio Buda. Leia atentamente esta parte. Vocês descobrirão como os ensinamentos básicos de Buda evoluíram, conforme o Budismo se espalhou pela Ásia e forjou seu caminho pela história até os presentes dias.

Capítulo **3**

A Vida e os Ensinamentos do Buda Histórico

Acredita-se que Shakyamuni Buda, o fundador do Budismo, tenha vivido de 563 a 483 AEC. (Antes da Era Comum, também conhecida como a. C.) Nascido como Príncipe Sidarta, o herdeiro de uma família real, abriu mão da realeza em sua vida em busca de um fim para todo o sofrimento. Essa busca acabou por levá-lo até o pé da famosa árvore Bodhi — *bodhi* significa iluminação —, em que alcançou a iluminação plena do estado de Buda, aos 35 anos. Esse despertar fez com que ele recebesse o nome *Shakyamuni*, um título que significa "Sábio Iluminado dos Shakyas". (Shakya era o nome do clã ao qual ele pertencia). Ele então passou os 45 anos restantes de sua vida ensinando àqueles que eram atraídos pelo caminho que leva do sofrimento e insatisfação à realização espiritual genuína.

Neste capítulo, oferecemos uma visão dos ensinamentos básicos de Buda e de alguns dos episódios mais significativos e inspiradores em sua história de vida, conforme foram recontados ao longo do tempo. Nós também omitimos muitos (embora não todos) dos detalhes mais milagrosos que aparecem nas narrativas tradicionais da vida de Buda, pois acreditamos que, para um público ocidental, pelo menos, a história é mais bem contada sem eles.

Revelando a Juventude de Buda

Embora algumas tradições elevem Buda a proporções míticas e outras o percebam como uma pessoa comum, todas concordam que ele exemplifica a realização máxima da condição humana — a libertação completa da confusão e do sofrimento.

As várias tradições budistas também concordam amplamente quanto aos eventos da vida de Shakyamuni. Para começar, elas dizem que ele nasceu como filho e herdeiro do Rei Shuddhodana, do clã Shakya, do norte da Índia.

Um nascimento auspicioso

O clã Shakya vivia na região norte da Índia, que faz fronteira hoje em dia com o local onde está o Nepal. O líder do clã, o Rei Shuddhodana, era infeliz, porque não tinha um herdeiro para seu trono. Então, uma noite, sua esposa — a Rainha Maya — teve um sonho no qual um belo elefante branco com seis marfins apareceu a ela e se dissolveu em seu corpo.

A rainha acordou imediatamente, e seu corpo e sua mente estavam em um nível de êxtase que ela jamais experimentara. Todos os homens sábios da corte reconheceram esse sonho como um sinal de que a rainha estava grávida de uma criança especial, que algum dia cresceria para ser um grande líder.

No fim de sua gravidez, a rainha deixou o palácio, na capital de Kapilavastu, e foi em direção à casa de seus pais para dar à luz — um costume ainda seguido pelas grávidas em muitas partes da Índia. Conforme passava pelos belos jardins de Lumbini, a rainha percebeu que estava prestes a dar à luz a qualquer instante. Por isso, entrou nos jardins e, apoiada no galho de uma árvore, deu à luz seu filho.

A propósito, a criança era extremamente linda, embora eu tenha certeza de que você não esperaria o contrário do protagonista desta história. Inúmeros sinais promissores seguiram-se ao seu nascimento e, em reconhecimento a isso, seu pai deu a ele o nome de *Sidarta*, que significa "aquele através do qual tudo de maravilhoso é realizado".

Pouco tempo após o nascimento de Sidarta, Asita, um ermitão religioso altamente respeitado, chegou inesperadamente a Kapilavastu. Ele também havia visto os sinais de um nascimento auspicioso e foi até o palácio real para conhecer a criança. O Rei Shuddhodana recebeu Asita com muita cortesia e levou o bebê até ele. Imagine, então, o choque dos pais orgulhosos e seu medo quando o velho ermitão começou a chorar após olhar durante um bom tempo o estimado garoto.

Mas Asita rapidamente reassegurou ao casal real de que não havia visto nada de errado com a criança, nem qualquer sinal de que um desastre o aguardava no futuro. Pelo contrário! Asita disse que o garoto exibia qualidades notáveis — que o tornariam um líder ainda maior que seu pai. E se Sidarta deixasse a vida real e se tornasse um seguidor da verdade, seria ainda maior do que um mero imperador: ele se tornaria uma fonte de orientação espiritual para todo o mundo!

Quanto às suas lágrimas, Asita disse, ele chorava por si próprio. Toda sua vida, ele havia apenas desejado seguir o caminho espiritual. Mas agora que havia encontrado a única pessoa que poderia revelar esse caminho a ele, era tarde demais. Asita sabia que até o momento em que Sidarta tivesse idade suficiente para iniciar seus ensinamentos, ele já teria morrido.

O príncipe se casa: Aprisionado em palácios de prazer

Por fim, Sidarta já tinha idade suficiente para começar a pensar em se casar e constituir a própria família. O rei estava certo de que essas responsabilidades o impediriam de abandonar a vida real, por isso, organizou um evento no qual seu filho poderia conhecer uma jovem adequada na região. (Pense no baile organizado em homenagem ao príncipe encantado em *Cinderela*, e você entenderá a ideia.)

Nesse evento, Sidarta conheceu Yashodhara, a filha de um rei vizinho. Foi amor à primeira vista para ambos. (Posteriormente, quando plenamente iluminado, Shakyamuni explicou essa atração instantânea dizendo que ele e Yashodhara haviam sido casados diversas vidas antes. Eles até mesmo haviam vivido juntos quando eram tigres em um ponto do percurso!) Mas antes de poderem se casar e viver felizes para sempre, Sidarta teria que provar que era merecedor de Yashodhara ao derrotar pretendentes rivais em campeonatos de força e habilidades marciais. Como você pode ter adivinhado, Sidarta se mostrou vitorioso, e ele e Yashodhara celebraram um alegre casamento.

Logo Sidarta e sua noiva foram morar nos palácios dos três prazeres (cada palácio era destinado às estações de calor, frio e chuva), que seu pai havia construído para eles. Os palácios estavam todos localizados em um amplo parque, cercado por um muro. Na verdade, o rei havia aprisionado Sidarta nos palácios, sem que o príncipe percebesse. Tudo — e todos — era encantador e cativante dentro dessas prisões. Sidarta, com certeza, nunca iria querer sair — pelo menos esse era o plano do rei. E quando Yashodhara deu à luz um filho, Rahula, o plano parecia ter sido concluído.

Conhecimento proibido revelado: As quatro visões

No entanto, até mesmo os planos mais bem-elaborados de cortesãos e reis às vezes saem errado. Um dia, um músico do palácio fez uma serenata para Sidarta e sua esposa, tocando uma música sobre as belezas e maravilhas do mundo. Intrigado pelas descrições, o príncipe pediu ao seu pai permissão para caminhar além dos portões do palácio para ver por si próprio o que havia lá.

Nessa época, Sidarta tinha 29 anos, e seu pai percebeu que havia chegado a hora de ele ver o reino que um dia viria a governar. Por isso, o rei concedeu sua permissão para a excursão, mas não antes de arranjar a remoção de todos os locais desagradáveis na área da cidade que seu filho visitaria. Finalmente, quando tudo estava preparado, o príncipe e seu cocheiro, Channa, dirigiram-se à cidade.

A princípio, a visita correu muito bem. As pessoas cumprimentavam Sidarta com grande alegria e afeição. Ele, por sua vez, gostava de tudo o que via. Mas então Sidarta e Channa se depararam com algo que apenas eles dois pareciam perceber — uma pessoa desafortunada que se inclinava com dor e era assolada por tosses e febre.

Sidarta pedia que seu cocheiro explicasse o significado dessa visão inesperada. "Isso é doença, meu senhor", respondeu Channa. Ele então seguiu explicando que cedo ou tarde quase todos passariam por alguma doença ou desconforto. O príncipe estava surpreso ao perceber que a qualquer momento sua família, amigos ou companheiros, ou até ele mesmo, poderiam passar por dor e tristeza. De repente, toda sua felicidade e alegria desapareceram, e o sofrimento que acabara de presenciar, um sofrimento que ameaçava a todos, era tudo em que podia pensar.

Nas outras duas vezes que Sidarta foi à cidade, ele se deparou com cenas ainda mais perturbadoras — velhice e morte. O príncipe estava devastado. Ele se perguntava como as pessoas podiam agir de maneira tão despreocupada e feliz, mesmo sob a ameaça da doença, da velhice e da inevitável morte, que espreitavam-se ao redor deles.

Finalmente, em sua quarta excursão, ele descobriu o que tinha que fazer. Nessa ocasião, viu um andarilho sem casa. Apesar da aparência maltrapilha, o homem possuía uma calma e determinação notáveis. Quando o príncipe perguntou a ele quem era, o homem respondeu: "Sou aquele que abriu mão de sua vida em casa para buscar uma maneira de libertar o sofrimento do mundo." O destino de Sidarta de repente foi revelado a ele. Ele sabia que também teria que abrir mão de seu modo de vida e se devotar completamente à busca espiritual.

Iniciando a Busca

LEMBRE-SE

As quatro visões da doença, velhice, morte e de um seguidor da verdade sem casa marcam o início da busca espiritual do príncipe. Sua importância para a história do Budismo é inegável, e ilustrações dos encontros cruciais de Sidarta com eles geralmente são pintadas nas paredes dos templos budistas.

Renunciando à vida real

Após Sidarta saber que não poderia mais ficar confinado dentro dos limites da vida real, foi até seu pai e pediu permissão para partir. O rei reagiu da mesma forma que muitos pais reagiriam em situações semelhantes: perdeu a cabeça! Ele proibiu completamente o príncipe de partir e colocou um guarda em todas as saídas do palácio para impedir sua partida.

Contudo, o príncipe estava determinado a partir. Sidarta queria segurar seu filho nos braços antes, mas decidiu não fazer isso, temendo acidentalmente acordar Yashodhara, que dormia. Ele passou silenciosamente pelos músicos, dançarinas e empregados que dormiam e foi para fora; então acordou Channa (seu cocheiro), pedindo a ele que preparasse seu cavalo, pois queria fazer um passeio naquela noite. Channa ficou surpreso, mas obedeceu ao príncipe.

Todas as pessoas no palácio, inclusive os guardas, haviam adormecido e, assim, Sidarta consegue escapar. Ele e Channa cavalgaram pela noite e, quando pararam, o príncipe lhe disse para pegar seu cavalo e joias reais e voltar para o palácio, sem ele. Channa começou a chorar e perguntou o que deveria dizer à família do príncipe, que certamente ficaria sem saber o que fazer. "Diga a eles", respondeu Sidarta, "que não parti por não os amar, mas pelo fato de amar a todos eles que devo encontrar uma maneira de superar os sofrimentos da doença, velhice e morte. Se tiver sucesso, voltarei. Se não, a morte iria acabar nos separando de qualquer forma". Channa não podia fazer nada, senão voltar.

Sidarta agora estava sozinho, e a primeira coisa que fez foi abandonar os sinais de realeza. Ele cortou seu longo e esvoaçante cabelo, trocou suas roupas de seda pelas vestes rústicas de um morador da floresta e, renunciando completamente a seu antigo modo de vida, foi à procura de alguém que o pudesse ajudar em seu propósito.

Após sua grande renúncia, Sidarta conheceu e estudou com dois renomados mestres espirituais. Embora tenha rapidamente dominado as técnicas de meditação que o ensinaram, percebeu que, embora úteis, as técnicas eram insuficientes para lhe conferir a completa libertação do sofrimento que desejava. Ele teria que ir mais fundo.

Indo aos extremos: Seis anos de autonegação

Sidarta ouviu falar de uma floresta no reino de Magadha, onde os *ascetas* (pessoas que negam a si mesmas e aos mais básicos confortos da vida) geralmente se reuniam para fazer suas práticas, e, imediatamente, decidiu ir até lá e se juntar a eles. No caminho, chamou a atenção do líder de Magadha, o Rei Bimbisara. O rei ficou tão impressionado com o comportamento e a dedicação do jovem que imediatamente pediu a Sidarta para ficar e o ajudar a governar. Mas Sidarta, educadamente, explicou que já havia aberto mão de uma posição real e que não tinha vontade de assumir outra. Bimbisara então disse a Sidarta que se um dia encontrasse o que procurava, deveria voltar e lhe ensinar.

Quando Sidarta chegou à floresta, encontrou cinco outros ascetas já engajados em suas rígidas práticas. Os ascetas esperavam que, ao adquirir o controle completo sobre seus sentidos e suportar a dor e privação extremas, pudessem superar o sofrimento por meio do puro poder da força de vontade. Sidarta adotou essas práticas e, em pouco tempo, sua concentração e determinação extraordinárias convenceram seus novos companheiros de que se um deles alcançasse o objetivo final, esse alguém seria o recém-chegado.

Assim começou o que mais tarde ficaria conhecido como o jejum de seis anos. Sidarta se sentou exposto aos elementos durante dias e noites. Ele comia cada vez menos, até chegar ao ponto de não consumir nada, exceto as poucas sementes que acabavam por cair em seu colo. Seu corpo, uma vez tão glorioso e atraente, tornou-se mirrado e encolhido. Por fim, a prática reduziu Sidarta a pouco mais do que um esqueleto vivo, mas ainda preservado.

Finalmente, um dia, Sidarta avaliou sua situação. Ele descobriu que, em sua condição enfraquecida, não conseguia pensar tão claramente quanto antes; portanto, estava mais afastado de seu objetivo do que quando havia começado, há seis anos. Cansado e sujo, decidiu se refrescar no rio próximo ao local, mas quase se afogou antes que conseguisse sair da água. Enquanto Sidarta estava deitado à margem do rio se recuperando, percebeu que, para obter sucesso, teria que seguir o caminho do meio entre a autoindulgência e a autonegação extremas. (Mais tarde, essa expressão, *o caminho do meio*, foi cada vez mais utilizada e se tornou o nome que o próprio Buda usava ao se referir aos seus ensinamentos. Até mesmo hoje, o Budismo é amplamente conhecido como o caminho do meio que evita todos os extremos.)

Sidarta se sentou novamente, e a esposa de um pastor local logo entrou na floresta com uma oferenda para os espíritos locais. Seu nome era Sujata. Ela costumava rezar para os espíritos da floresta, pedindo a eles um filho homem. Agora que havia dado à luz o filho que desesperadamente desejara, foi à floresta com uma tigela de leite de arroz, especialmente preparada para agradecer aos espíritos por conceder a ela seu desejo. Quando viu Sidarta sentado ali, achou que ele fosse o rei dos espíritos que a ajudaram e o presenteou com a nutritiva oferenda, com grande devoção. Quando seus cinco companheiros ascetas o viram aceitar essa bela refeição, ficaram profundamente decepcionados. Pensando que Sidarta havia abandonado sua busca, eles deixaram a floresta desanimados, determinados a continuar suas práticas em outro lugar.

Após ter comido, seu corpo recobrou o esplendor e a força, e Sidarta agradeceu à mulher. Ele disse a ela que não era o espírito que ela pensou que fosse; era apenas um ser humano buscando o caminho que acabaria com todo o sofrimento. E, por causa de sua oferta, ele sentia que agora estava forte o suficiente para obter sucesso.

Sentando-se à Sombra da Antiga Árvore Bodhi: A Derrota de Mara

Sidarta atravessou o rio e chegou a uma grande figueira, que posteriormente ficou conhecida como a árvore Bodhi — a Árvore da Iluminação. Com alguns feixes de capim que recebeu de um cortador de capim local, ele preparou uma almofada e se sentou, com o rosto voltado para o leste. Ele fez isso com a determinação confiante que não se levantaria daquele posto até que tivesse alcançado a iluminação plena e completa.

Os textos budistas clássicos descrevem o que aconteceu depois com uma animação que quase não pode ser contida. As histórias narram que o mundo "segurou a respiração" ao mesmo tempo que o momento que transformaria a história se aproximava. Sidarta sentou-se debaixo da Árvore da Iluminação, e os espíritos do ar se alegraram.

Porém, nem todos estavam felizes. Mara, o Tentador, a encarnação de todo o mal que assola a mente, estava horrorizado. Ele sabia que, se Sidarta alcançasse a iluminação, o poder que a ilusão tem sobre o mundo estaria ameaçado. Os textos tradicionais usam imagens bastante dramáticas para ilustrar os eventos que se seguem. Conforme Sidarta se sentou para meditar, os filhos e filhas de Mara — toda a série de interferências demoníacas — começaram seu ataque, tentando perturbar sua concentração.

Tempestades violentas de ódio caíram; mas, debaixo da árvore Bodhi, tudo permanecia calmo. As forças demoníacas utilizaram diversas armas, mas elas se transformaram em pétalas de flores que caíam inofensivamente aos pés do determinado meditador. Visões dos prazeres sensuais mais atraentes então se apresentaram a Sidarta, juntamente com imagens de sua esposa e filho, mas nada era capaz de acabar com sua concentração.

Mara só tinha uma arma sobrando — as sementes da dúvida. Dispensando suas legiões, Mara apareceu diante de Sidarta e dirigiu-se diretamente a ele. "Mostre-me uma testemunha que possa afirmar que você merece obter êxito quando todos os outros falharam", exigiu ele ironicamente. Sidarta respondeu com o silêncio. Ele simplesmente esticou sua mão direita e tocou a terra, pois a própria terra havia testemunhado que Sidarta havia praticado virtudes (durante inúmeras vidas), que agora confeririam a ele sua realização do estado de Buda. Mara foi derrotado e desapareceu, assim como um pesadelo.

Era noite de lua cheia no quarto mês indiano (que cai por volta de maio ou junho de nosso calendário). Conforme a lua se erguia cada vez mais alto no céu, a concentração meditativa de Sidarta se aprofundava. O fogo de sua crescente sabedoria queimava quaisquer camadas de falta de conhecimento que ainda obscureciam sua mente. Ele percebeu diretamente — e com segurança — o fluxo de suas vidas passadas e entendeu exatamente como suas ações anteriores o levaram aos resultados presentes. Ele viu como o apego — a fonte do sofrimento — é fundado na ignorância. Conforme sua sabedoria se livrou de níveis cada vez mais sutis dessa ignorância, sua mente ficou cada vez mais iluminada. Finalmente, quando a lua estava se pondo e o sol da próxima manhã surgia, Sidarta alcançou o objetivo máximo — a iluminação plena e completa. Não sendo mais um mero príncipe, ele agora era um Desperto, um Buda.

Beneficiando os Outros: A Carreira de Buda em Plena Ascensão

Todos os eventos da vida de Buda, desde o momento de seu nascimento como Príncipe Sidarta até a derrota de Mara, debaixo da árvore Bodhi (conforme descrito nas seções anteriores), estavam direcionados a um único objetivo primordial: a capacidade de ajudar os outros a se libertarem do sofrimento. Agora que ele havia atingido o estado de Buda e alcançado a sabedoria sem limites, a compaixão e a habilidade de beneficiar os outros a um ponto máximo, estava pronto para iniciar sua carreira iluminada. Mas o mundo estava pronto para ele?

Oferecendo orientação espiritual: Girando a roda do dharma

Durante sete semanas, Shakyamuni Buddha (o antigo Sidarta) permaneceu nos arredores da árvore Bodhi, absorto na consciência sem limites que apenas um ser plenamente desperto experimenta. De acordo com os relatos tradicionais, Buda pensava que, devido ao fato de que provavelmente nenhuma outra pessoa exerceria o esforço extraordinário necessário para alcançar o objetivo que ele tinha atingido, aproveitar os frutos da iluminação sozinho seria o melhor caminho a seguir.

Como em resposta a esse pensamento não expresso, os deuses do paraíso apareceram a Shakyamuni e, em nome do mundo, imploraram para que ele reconsiderasse: "Embora seja verdade que as mentes dos seres sejam obscuras, os véus de alguns são menos espessos do que os de outros. Certamente, há aqueles que podem se beneficiar de suas realizações. Pelo bem desses, por favor, ensine a nós o que você aprendeu." Buda concordou imediatamente.

Quando Buda pensou sobre quais indivíduos estariam prontos para receber seus ensinamentos iniciais, primeiramente considerou os dois mestres com quem havia estudado, mas percebeu que eles já haviam falecido. Por isso, escolheu seus cinco antigos companheiros, que continuavam suas rígidas práticas ascetas sem ele, em Sarnath — próximo à antiga cidade sagrada indiana de Benares.

Os cinco ascetas estavam em Deer Park, em Sarnath, quando viram Buda se aproximar. Ainda acreditando que ele havia desistido de sua busca espiritual, resolveram não receber de volta esse "desistente". Mas não podiam deixar de notar, mesmo a distância, que ele havia passado por uma mudança profunda. Ele emanava uma segurança tão pacífica e tanta benevolência que eles tiveram que o receber com grande respeito e oferecer a ele um lugar de honra entre eles. Então, em resposta ao pedido dos ascetas para revelar suas experiências, ele fez o primeiro ensinamento formal como Ser Desperto, um Buda.

Nem todos os ensinamentos que um Buda oferece são verbais. Um Buda oferece inspiração e instrução espiritual por meio de sua presença e pode transmitir um grande significado até mesmo por meio de gestos silenciosos. Mas, durante sua vida, Shakyamuni Buda fez muitos discursos formais, o primeiro deles tendo sido feito no Deer Park, em Sarnath. O tema desse discurso foram as *quatro nobres verdades*, um tema que ele elaborou e refinou nos incontáveis outros ensinamentos que conferiu durante os 45 anos restantes de sua vida. (A seção "Entendendo as Quatro Nobres Verdades", mostrada ainda neste capítulo, mergulha nesse assunto com uma riqueza maior de detalhes.)

Fundando a comunidade sangha

Como Buda previu, seus cinco antigos companheiros estavam particularmente prontos para receber instruções espirituais. Apenas algumas palavras de Buda foram suficientes para proporcionar grandes compreensões sobre seus ensinamentos. Eles abandonaram todas as atividades que não haviam sido ensinadas por Buda, prejudiciais ao bem-estar dos outros e à própria evolução espiritual, foram ordenados como monges e tornaram-se os primeiros membros da *sangha*, a comunidade espiritual budista.

Conforme cada vez mais pessoas se inspiravam pela sabedoria e compaixão de Buda, e se beneficiavam de seus ensinamentos, a comunidade sangha crescia. Esse crescimento atraiu a atenção (e geralmente alimentava a inveja) de outros mestres estabelecidos, que, junto aos próprios discípulos, passaram a testar e desafiar Buda. Reconhecendo que Buda era de fato legítimo — um mestre plenamente desperto —, muitos dos mestres rivais e seus seguidores se tornaram discípulos de Buda. A sangha cresceu a olhos vistos, acabando por ter um número de seguidores na casa das dezenas de milhares.

Sabendo que os elementos mais conservadores da sociedade indiana teriam uma grande dificuldade em aceitar uma sangha que incluísse mulheres, Buda hesitou por algum tempo antes de ordenar quaisquer de suas seguidoras mulheres como monjas. Mas, por fim, ele estabeleceu uma ordem de monjas, e a tia que o havia criado se tornou o primeiro membro.

Além de uma crescente comunidade de monges e monjas, muitos leigos também se tornaram seguidores de Shakyamuni Buda. Uma dessas pessoas era o Rei Bimbisara, de Magadha, o monarca que havia oferecido dividir seu reino com o Príncipe Sidarta antes de o jejum de seis anos ter se iniciado. Quando o rei se tornou discípulo e seguidor de Buda, uma grande parte de seus súditos o seguiram, e a comunidade budista, de forma repentina, cresceu ainda mais.

Por fim, Buda voltou a Kapilavastu, onde ele cresceu e onde muitos membros de sua família e clã ainda viviam. Muitos deles se tornaram seus seguidores, inclusive seu filho, Rahula, que recebeu a ordenação como monge. Seu pai, que queria que o Príncipe Sidarta comandasse seu reino, também se tornou um discípulo de seu filho, embora seu orgulho em ser conhecido como o pai do Buda tenha dificultado bastante seu progresso espiritual. Devadatta (primo de Buda e rival de uma vida) também se juntou à comunidade, mas, com inveja da popularidade de Buda, estabeleceu-se como um mestre rival, causando uma divisão dentro do sangha.

Ouvindo a mensagem final de Buda: Tudo é passageiro

Por fim, aos 80 anos, após uma vida de serviço altruísta e compaixão pelos outros, Shakyamuni decidiu que havia ajudado a todos que podia. Por isso, assim como havia ensinado os outros a viver com a mente pacífica e o coração aberto, ele agora demonstraria como morrer da mesma maneira.

Ele disse a seu fiel assistente Ananda que queria voltar ao lugar de seu nascimento, pela última vez. No caminho, Shakyamuni e Ananda pararam no vilarejo de Kushinagar, onde Buda anunciou que aquele era o lugar onde respiraria pela última vez. Escolhendo um lugar entre duas grandes árvores, ele se deitou sobre seu lado direito (posição que, às vezes, é chamada de "postura do leão") e se preparou para morrer. Ainda assim, até mesmo no último dia de sua vida, Buda continuou ajudando os outros, esclarecendo as dúvidas que um velho homem chamado Subhadda tinha sobre os ensinamentos, direcionando-o para o caminho da libertação.

Finalmente, junto a muitos de seus discípulos e das pessoas dos vilarejos próximos que se aglomeraram a seu redor, Buda falou suas últimas palavras, lembrando a todos sobre as verdades essenciais que ensinou durante toda a sua vida:

> Todas as coisas são impermanentes.
>
> Trabalhe a própria salvação com afinco.

Entrando em estados meditativos cada vez mais profundos, Buda morreu calmamente no aniversário de sua iluminação, ocorrida 45 anos antes. Muitos de seus seguidores ficaram sobrepujados pela dor. Mas alguns — aqueles que compreendiam bem seus ensinamentos — permaneceram em paz. Seus discípulos cremaram seus restos (veja o Capítulo 9 para saber mais detalhes) e colocaram suas cinzas dentro de monumentos (*estupas*) espalhados pelas terras que ele havia abençoado com sua presença.

Entendendo as Quatro Nobres Verdades

Em seu primeiro discurso no Deer Park, em Sarnath, Shakyamuni apresentou as quatro nobres verdades, a base para todos os seus ensinamentos. Quanto mais você entender sobre essas quatro nobres verdades, melhor poderá compreender sobre o que trata o Budismo. As verdades são:

» Sofrimento

» A causa do sofrimento

» A cessação do sofrimento

» O caminho que leva à cessação do sofrimento

A verdade do sofrimento

LEMBRE-SE

A primeira das quatro nobres verdades reconhece a experiência disseminada como *duhkha*. Esse termo sânscrito (*dukkha*, em Pali) é mais comumente traduzido como "sofrimento", mas tem uma gama ampla de significado. Particularmente, *duhkha* passa um sentido de insatisfação devido ao fato de as coisas não serem da maneira que você quer que sejam.

Certas experiências na vida são tão obviamente dolorosas e tristes que ninguém tem dificuldade em identificá-las como sofrimento. Por exemplo: uma dor de cabeça não é algo divertido. Quando sente aquela palpitação — que lhe é familiar — na sua cabeça, tudo o que você consegue pensar é o quanto quer que a dor vá embora. Você exige alívio imediato. E uma dor de cabeça é relativamente algo pequeno se comparada a outras doenças físicas.

Até mesmo quando o desconforto físico não está presente, inúmeras dificuldades mentais e emocionais surgem. Em seu ensinamento em

Sarnath, Buda mencionou, especificamente, que esses aspectos são desagradáveis:

» Deparar-se com aquilo de que você não gosta

» Estar distante daquilo de que você gosta

» Não ter aquilo que quer

Se você considerar o tempo ocupado — tanto da sua vida quanto das pessoas que conhece — com apenas esses três tipos de experiências desagradáveis, poderá começar a perceber que há *duhkha* mais do que suficiente acontecendo.

Entretanto, se Shakyamuni Buda tinha tanta compaixão quanto se diz que tinha, por que então chamou atenção para algo tão desagradável quanto o sofrimento e o tornou a primeira das nobres verdades? Em parte, porque os seres humanos têm uma capacidade muito grande para a autoilusão. Assim como a pessoa que se recusa a admitir que tem uma doença que ameaça sua vida até que seja tarde demais para fazer algo quanto a isso, muitas pessoas fazem qualquer coisa para evitar se analisarem mais de perto e a maneira como verdadeiramente vivem suas vidas. Elas simplesmente tropeçam de uma situação insatisfatória para outra.

A intenção de Buda era ajudar as pessoas a acordarem de sua negação. Ao mencionar o sofrimento e a insatisfação de forma tão incisiva, Buda não estava tentando chatear ninguém. Em vez disso, ele sabia que quando você encara diretamente a verdade de seu sofrimento, algo extraordinário acontece: você pode avaliar, a fundo, o próprio sofrimento! Como uma série de mestres contemporâneos já destacou, embora a dor seja inevitável na vida, o sofrimento, em si, é inteiramente opcional. Embora talvez não seja possível escolher o que lhe acontece, definitivamente é possível controlar sua reação. E isso faz toda a diferença.

Além disso, lembre-se de que até mesmo o sofrimento tem seus pontos positivos. Às vezes, quando as coisas estão acontecendo com relativa calma para você, é mais fácil ignorar as dificuldades dos outros. Mas quando se depara com essas mesmas dificuldades, fica mais propenso a abrir seu coração e experimentar a empatia. Conforme abre seu coração, sua compaixão também fica mais forte. Se for possível usar as suas dificuldades para ajudar a gerar uma compaixão genuína e profunda pelos demais, então, seu sofrimento, definitivamente, terá valido a pena.

A verdade sobre a causa do sofrimento

O que Buda está dizendo, em essência, é que, se você quer encontrar a verdadeira fonte dos seus problemas, terá que olhar para dentro de si mesmo. O sofrimento não é uma punição imposta a você por outras pessoas, pelas circunstâncias da vida ou por alguma força sobrenatural fora de você. O sofrimento também não se apresenta a você sem motivo algum; o sofrimento não é um acontecimento aleatório em um universo sem sentido, regido pelas leis do acaso (mesmo que tenha se tornado moda pensar assim). Em vez disso, o sofrimento ou a insatisfação que você experimenta estão diretamente relacionados às atitudes que surgem dentro de seu próprio coração e mente.

Você se apega às suas posses, à sua aparência e às opiniões das outras pessoas sobre você, na esperança de satisfazer um anseio profundo e interno. Mas, quanto mais se apega, mais decepcionado fica. Por quê? Porque tudo está mudando constantemente, e nada é capaz de satisfazer as expectativas irrealistas que você deposita sobre as coisas. Você pode sair daquele shopping segurando o vestido ou o suéter novo que acabou de comprar, mas, na realidade, está se agarrando a uma ilusão. E mais cedo ou mais tarde — geralmente mais cedo — a ilusão o decepcionará.

A verdade sobre a cessação do sofrimento

A terceira nobre verdade é a declaração audaz de Buda de que há, de fato, um fim para o sofrimento. (Que alívio bem-vindo, depois das duas primeiras verdades — um tanto severas — sobre o sofrimento e sua causa!) Não estamos apenas falando sobre breves férias do ciclo de insatisfação, mas de sua completa cessação. Buda tinha certeza sobre essa declaração, pois ele havia passado por essa libertação e viu claramente que nada impede as pessoas de fazer o mesmo.

Nós sabemos que abrir mão do apego não é algo tão simples. Você se agarrou a um sentido irrealista do eu por muito mais tempo do que pode se lembrar; por isso, interromper esse hábito não será fácil. Mas isso pode ser feito, e Buda é a prova. Dois milênios e meio se passaram desde que Shakyamuni andou por essa Terra, mas seu exemplo iluminado ainda inspira as pessoas. E, se conhecer aqueles que se doutrinaram, seguindo os métodos que Buda ensinou — os mesmos que ele seguia —, você pode ter sorte o bastante para ver que "libertar-se" leva a resultados um tanto inspiradores. (Ainda melhor — pode seguir esses métodos e experimentar os mesmos resultados, em primeira mão.)

A verdade do caminho

A quarta — e última — nobre verdade contém o manual de instruções práticas que leva à cessação do sofrimento e às experiências da libertação espiritual e iluminação que a acompanham.

LEMBRE-SE

A vida espiritual — seja ela o Budismo ou outra religião — geralmente é denominada como um caminho, pois o leva para onde, no centro do seu coração, você quer ir. Mas não cometa o erro de pensar que esse caminho está fora de você. Assim como a causa do sofrimento, o caminho que leva aos objetivos espirituais mais elevados está dentro de você — naquilo que pensa, diz e faz.

Além disso, mesmo que você esteja seguindo um caminho, não significa que esteja indo a algum lugar. Não é como se o sofrimento estivesse aqui e a libertação estivesse em algum outro país. Algumas tradições budistas enfatizam esse ponto ao falar sobre o "caminho sem rumo" ou o "caminho sem objetivo". Essas frases paradoxais servem para enfatizar a imediação da experiência espiritual e para ajudar a libertá-lo da expectativa — que em si mesma pode ser um obstáculo — de que a iluminação está em algum outro lugar que não aqui, agora.

Com essas advertências em mente, aqui estão as oito divisões do caminho que leva à cessação do sofrimento:

» **Visão correta:** O caminho começa quando você vê, por si próprio, que o sofrimento e a insatisfação influenciam o todo da existência comum — e não iluminada. Se quiser melhorar sua vida, você precisa, de forma transparente, cultivar a sabedoria compreensiva que mantém essa visão correta.

» **Intenção correta:** A intenção certa — ou o pensamento certo — envolve abrir mão de atitudes egoístas que levam a mais sofrimento e as substituir por seus opostos. No lugar de pensamentos que causam mal a si mesmo e aos outros, cultive a intenção de levar felicidade a todos.

» **Fala correta:** Devido ao fato de que aquilo que você diz pode ter um efeito poderoso nos outros — e também afetar a sua própria evolução espiritual —, cultivar a fala correta é importante. Esse cultivo envolve falar palavras que sejam verdadeiras, agradáveis de ouvir e, o mais importante —, benéficas aos demais.

» **Ação correta:** Assim como a fala correta significa evitar causar mal-estar com aquilo que você diz, a ação correta significa evitar causar mal com o que você faz. Por isso, em vez de machucar fisicamente os outros por meio de suas ações, procure os ajudar e proteger.

» **Meio de vida correto:** Você pode ganhar a vida de muitas maneiras diferentes; mas, se sua intenção é conquistar mais do que apenas riqueza material, evite ocupações que envolvam danos e fraudes. Naturalmente, uma profissão na qual você possa prestar serviço aos outros é uma maneira excelente de ajudar a si mesmo. Mas mesmo que não tenha esse tipo de trabalho, ainda pode se assegurar de que os negócios que o cercam sejam honestos e bons.

» **Esforço correto:** Esse tipo de esforço diz respeito às suas práticas espirituais. Em vez de ser preguiçoso, exerça o esforço contínuo, ainda que relaxado (alguns diriam "sem esforço"), de estar ciente do que está surgindo em sua mente. Se for algo negativo, não deixe que isso o oprima; se for algo positivo, aproveite!

» **Atenção plena correta:** A atenção plena — prestar bastante atenção àquilo que está acontecendo agora — é essencial em todos os níveis de prática espiritual. Em vez de se agarrar a pensamentos do passado ou fantasiar sobre o futuro, mantenha sua atenção focada no presente. Esse conselho se aplica não apenas à sua prática meditativa, mas também às suas atividades cotidianas. Na verdade, com uma atenção plena forte, suas atividades diárias se tornarão uma forma de meditação.

» **Concentração correta:** Para desenvolver uma compreensão profunda sobre a natureza da realidade, o foco de sua mente deve se tornar aguçado e livre de distrações e embotamento. Ao praticar a concentração correta, você acabará sendo capaz de depositar sua total atenção em qualquer objeto que escolher, e mantê-la ali, sem hesitar. A capacidade de focar sua atenção dessa maneira é o que permite que você obtenha uma compreensão capaz de mudar sua visão — e, consequentemente, sua vida — sobre a natureza das coisas. Sem a concentração correta, qualquer que seja o entendimento que tiver, você continuará levando uma vida superficial e ineficaz.

Capítulo **4**

O Desenvolvimento do Budismo na Índia

O Budismo teve início há 2.500 anos com a experiência do despertar espiritual vivida por uma pessoa enquanto estava sentada em silêncio, debaixo de uma árvore. Durante sua vida, Shakyamuni Buda teve contato com milhares de pessoas, e na época de sua morte, a influência de seus ensinamentos se estendia por diversos reinos ao norte da Índia. Mas, nos séculos que se seguiram, o Budismo se espalhou por toda a Índia e pelo resto da Ásia. Hoje, milhões e milhões de pessoas, em todo o mundo, praticam o Budismo — embora, de maneira bastante interessante, apenas recentemente ele tenha sido reintroduzido na própria Índia, 800 anos depois de desaparecer do país em que nasceu.

O próprio Buda não praticava o "Budismo" — ele meramente ensinava o que chamava de *dharma*, a verdade da existência. Seus discípulos e os sucessores desses interpretaram, esclareceram e, por fim, diversificaram os ensinamentos de Buda, criando uma variedade de escolas e tradições budistas que levaram o dharma em direções que o próprio Buda pode não ter antecipado.

Neste capítulo, narramos o crescimento e desenvolvimento do Budismo. Enfatizamos as mudanças pelas quais passaram os ensinamentos de Buda pela Índia (e depois para o Sri Lanka) nos primeiros séculos.

Convocando o Primeiro Conselho Budista

Antes de Buda morrer — ou, como as escrituras budistas informam, antes de ele entrar em *parinirvana* (libertação final) —, ele disse aos seus discípulos para não se preocuparem quanto a ficar sem um líder depois que ele partisse. Segundo Buda, os ensinamentos do dharma, em si, serviriam como um guia. Por isso, após a morte de Buda, o Venerável Mahakashyapa, o monge escolhido por Buda para presidir a comunidade de monges, reuniu 500 dos discípulos de Buda mais avançados espiritualmente para preservar os preciosos ensinamentos que compõem o dharma.

Reunindo o conselho

Essa importante reunião, conhecida na história budista como o Primeiro Conselho, foi realizada em Rajgir, a capital do reino de Magadha (veja o Capítulo 9 para saber informações sobre peregrinações em Rajgir). Mahakashyapa selecionou alguns dos mais notáveis discípulos de Buda para recitar, de memória, os ensinamentos que haviam ouvido. Devido ao fato de Ananda, o primo de Buda, que havia sido seu ajudante pessoal e companheiro constante por mais de 30 anos, ter ouvido mais dos discursos do Mestre do que qualquer outra pessoa, ele foi o primeiro a falar.

Ananda começava cada recitação com as palavras "Assim eu ouvi", para indicar que ele próprio havia estado presente no ensinamento que estava prestes a relatar — não há informações de segunda mão, aqui. Depois, ele mencionava onde Buda tinha feito aquele discurso específico — por exemplo, na residência de estação de chuvas de Buda, perto de Shravasti — e quem estava presente naquela ocasião. Depois de estabelecer o cenário dessa forma, Ananda então recitava, de memória, o que Buda tinha ensinado. Os monges que também tinham estado presentes nesse ensinamento específico eram consultados, para confirmar se o que Ananda tinha relatado estava correto. Quando concordavam, o relato era aceito, e Mahakashyapa instruía a assembleia para saber o ensinamento de cor.

Categorizando os ensinamentos: As três cestas

O Primeiro Conselho dividiu formalmente os discursos do dharma de Buda nas três "cestas" (*pitaka*) que formam as categorias principais do cânone budista, ou coleção de ensinamentos, até o presente dia. Aqui estão as *três cestas* (*tipitaka* em pali; *tripitaka* em sânscrito) que o Primeiro Conselho criou:

» **A cesta dos discursos** (*Sutta Pitaka* em pali; *Sutra Pitaka* em sânscrito). Recitada por Ananda, essa coleção extensa contém o conselho que Buda deu quanto à prática da meditação e outros tópicos relacionados. Os principais discursos, nessa cesta, demonstram como é possível treinar sua mente para alcançar compreensões que acabam por levar ao *nirvana* — a libertação completa do sofrimento.

Por exemplo, dentro da Sutta Pitaka, é possível encontrar o ensinamento conhecido como o *Discurso Maior sobre os Fundamentos da Atenção Plena* (pali: *Maha-satipatthana Sutta*), que contém instruções essenciais para que seja alcançada uma realização clara e inequívoca das quatro nobres verdades (veja o Capítulo 3 para saber mais sobre essas verdades). Praticantes de meditação de muitas tradições budistas diferentes (especialmente a Theravada) continuam a usar as práticas descritas nesse discurso.

» **A cesta da disciplina** (chamada de *Vinaya Pitaka* em pali e em sânscrito). Recitada por um monge chamado Upali (que tinha sido barbeiro em Kapilavastu antes de se juntar a Buda), essa coleção contém as mais de 225 regras de conduta que Buda difundiu para sua comunidade monástica.

Geralmente, Buda formulava essas regras espontaneamente, em resposta às novas situações. Em outras palavras, sempre que notava seus seguidores se comportando de uma maneira que era contrária ao espírito do dharma ou que pudesse trazer descrédito à sangha (comunidade de monges e monjas), ele estabelecia a regra adequada para reger aquele comportamento. Por exemplo, o monge Sudinna confessou ter tido relações sexuais com sua antiga esposa, uma única vez, para — diz-se — gerar um herdeiro para a propriedade de sua família. Buda o repreendeu e enfatizou que tal comportamento era impróprio a um membro da sangha. Além disso, enfatizou que essa atitude levava a um apego maior ao mundo dos desejos sensuais em vez da libertação dele. Buda estabeleceu a regra que proíbe que os indivíduos que seguem o modo de vida monástico se envolvam em comportamentos sexuais de qualquer natureza.

» **A cesta do conhecimento superior** (*Abhidhamma Pitaka* em pali; *Abhidharma Pitaka* em sânscrito). Depois que Ananda e Upali terminaram de narrar o que lembravam no Primeiro Conselho (a propósito, alguns relatos dizem que Upali recitou primeiro), Mahakashyapa se dirigiu à assembleia. O tópico dessa recitação era o que se pode chamar de fenomenologia budista — ou seja, uma análise científica da realidade a partir do ponto de vista de Buda.

Buda geralmente enfatizava que o tipo de especulação filosófica que estava disseminada na Índia na época ("O mundo tem um início ou um fim?", por exemplo) não levava a lugar algum. Mas ele queria que seus seguidores tivessem um entendimento conceitual tão detalhado de seu mundo quanto fosse possível. Em particular, ele queria que eles soubessem como a mente funciona, a maneira como o sofrimento surge e como pode ser eliminado. Durante seus ensinamentos, portanto, Buda mencionava listas detalhadas dos elementos integrantes da realidade mental e física como ele os percebia, através de sua compreensão penetrante. (Um exemplo é a lista dos 12 elos, que esboça a maneira como a ignorância perpetua o sofrimento. Mais detalhes no Capítulo 13.) No Primeiro Conselho, Mahakashyapa repetiu todas as listas detalhadas que havia ouvido Buda mencionar. Dessas listas, surgiram os ensinamentos extensos sobre psicologia, filosofia e assuntos relacionados que compõem os estudos budistas de "conhecimento superior".

Difundindo os Ensinamentos — Pacificamente

Quando Mahakashyapa morreu, não muito tempo depois do Primeiro Conselho, Ananda se tornou líder da ordem budista. Durante os 40 anos de sua liderança, o Budismo se espalhou por toda a Índia conforme os monges se dispersavam em todas as direções. A orientação era baseada no conselho de Buda: ensinar "para o bem-estar de muitos, por compaixão pelo mundo". Alguns monges se "especializaram" em ensinar uma parte específica do Tripitaka ("as três cestas"); outros, como o próprio Buda, podiam ensinar todos os aspectos do dharma.

O próprio Ananda ensinou a milhares de discípulos, colocando-os firmes no caminho da libertação. Ele e outros líderes da sangha que se seguiram — às vezes referidos como os primeiros patriarcas budistas — fizeram muito para ajudar o Budismo a crescer. Os primeiros líderes fundaram muitas comunidades monásticas, que produziram novos membros para a sangha e trouxeram um grande número de discípulos leigos para o recôndito budista.

O cenário a seguir é típico da maneira como o interesse no Budismo cresceu. Uma dupla de monges vestidos em trajes simples entrou em um vilarejo nas primeiras horas da manhã, tendo passado a noite anterior ao ar livre, na floresta próxima. Carregando tigelas para pedir esmola, eles caminhavam de casa em casa em sua ronda diária, recebendo silenciosamente qualquer comida que as pessoas ofereciam a eles, e depois voltavam aos limites da cidade. Os aldeões — que estavam suficientemente impressionados pelo comportamento calmo e de autocontrole desses monges — geralmente os abordavam depois de os monges terem terminado sua única refeição do dia para pedir-lhes instruções. Alguns aldeões chegavam a perguntar sobre como poderiam fazer para se juntar à ordem budista.

Seguindo o exemplo de Buda, os monges respondiam a esses pedidos das maneiras que lhes pareciam adequadas — compartilhando livremente quaisquer ensinamentos que tinham memorizado e compreendido antes de iniciar sua peregrinação sem casa rumo ao próximo vilarejo. O fato de esses monges falarem com respeito com todos os membros da sociedade, fossem eles de uma casta alta ou baixa, ajudava a aumentar sua reputação com a população em geral, e o número de budistas cresceu de maneira correspondente.

Uma Bifurcação no Caminho

Embora pacífico, o mundo budista não estava livre de diferenças e, até mesmo, de ocasionais controvérsias. Conforme as comunidades budistas na Índia se tornaram maiores e mais disseminadas, diferentes estilos de prática surgiram. Por exemplo: alguns monges favoreciam uma interpretação rígida das regras de disciplina, enquanto outros tinham uma abordagem um tanto mais liberal.

Convocando o Segundo Conselho

Para lidar com as várias questões que estavam dividindo a comunidade sangha, um Segundo Conselho Budista foi realizado em Vaishali — cerca de 100 anos após o primeiro. Nos diferentes relatos sobre essa reunião — tanto aqueles escritos pelos historiadores ocidentais quanto aqueles apresentados pelas várias tradições budistas

— é possível encontrar muitas discrepâncias sobre o que exatamente aconteceu na ocasião.

Contudo, todos os relatos concordam que o Segundo Conselho gerou o primeiro grande cisma — ou divisão — dentro da comunidade budista. Dependendo de qual relato você seguir, milhares de monges eram expulsos do conselho — ou saíam voluntariamente — por sentir que os outros estavam interpretando o espírito dos ensinamentos de Buda de maneira muito rígida.

Dois grandes grupos budistas surgiram a partir do Segundo Conselho. Eles se denominavam:

» **Os Anciãos** (*Sthavira* em sânscrito; *Thera* em pali): Consideravam-se os mantenedores dos ensinamentos originais de Buda.

» **A Grande Comunidade** (*Mahasanghika* em sânscrito): Detinham uma interpretação mais liberal da palavra de Buda, que, eles acreditavam, correspondiam às intenções originais de Buda.

Mencionamos esses dois grupos antigos, pois seus descendentes espirituais acabaram evoluindo nas duas principais tradições do Budismo, ainda seguidas hoje em dia. Essas tradições são:

» **Theravada:** O nome significa "Da maneira dos anciãos", e essa tradição às vezes é denominada tradição do sul, pois se espalhou principalmente pelos países do sul da Ásia, como Sri Lanka, Birmânia e Tailândia.

» **Mahayana:** As diversas tradições do norte, praticadas na China, Coreia, Japão, Tibete, Mongólia, e assim por diante, compõem o "Grande Veículo".

Avançando os ensinamentos de maneiras diferentes

A maneira como as várias tradições se dividiram e evoluíram, especialmente nos primeiros séculos de desenvolvimento do Budismo, é um assunto complicado. Devido à questão ser complexa e os pontos de vista sobre ela serem influenciados pela tradição que cada indivíduo segue, nós apresentaremos apenas um esboço do processo. Se você quiser pesquisar sobre esse assunto, com mais riqueza de detalhes, sugerimos que confira livros diferentes sobre o tema — como *The Buddhist Handbook*, de John Snelling (Inner Traditions International), e *The Story of Buddhism*, de Donald Lopez (Harper San Francisco) —, e então tente esclarecer essa história complexa por conta própria.

Após alguns séculos da morte de Buda, pelo menos 18 escolas budistas diferentes (e talvez duas vezes esse número) estavam ativas em toda a Índia. Cada uma delas tinha a própria versão daquilo que Buda ensinou e a própria maneira de interpretar e praticar esses ensinamentos. Embora a situação pudesse parecer caótica, a existência dessas diferentes escolas não era, necessariamente, uma coisa ruim (especialmente porque as diferentes escolas, aparentemente, nunca, de fato, chegaram a disputar entre si — exceto em discussões filosóficas).

Não é estranho pensar que havia divisões e subdivisões na comunidade budista naqueles primeiros anos. O próprio Buda não ensinava a todos os seus seguidores exatamente da mesma maneira. Levando em consideração as diferenças em seus interesses e capacidades intelectuais, ele ensinava da maneira que seria mais interessante para cada público. Como resultado, seus ensinamentos — especialmente aqueles relacionados à natureza do eu (veja o Capítulo 13) — podem ser interpretados de várias maneiras. É natural que as gerações posteriores de budistas se agrupassem em escolas de acordo com a posição filosófica que melhor se adequava ao próprio entendimento.

Além das diferenças puramente filosóficas, outras divergências surgiram entre os budistas, algumas em relação aos padrões de comportamento aceitáveis e outras com base no idioma. Buda encorajava seus seguidores a tornar os ensinamentos que eles próprios tinham ouvido e entendido amplamente disponíveis aos outros; ele os estimulava a o fazer em seu idioma nativo. Dessa maneira, todos (não apenas os alfabetizados e com boa instrução) podiam se beneficiar do dharma. A Índia era uma terra de muitos idiomas diferentes, assim como é hoje, e essas diferenças linguísticas também ajudaram a conferir a cada escola seu caráter próprio — ou toque.

Tornando o Budismo uma Religião do Povo: A Influência do Imperador Ashoka

No terceiro século AEC, uma figura apareceu no cenário indiano e teve um efeito dramático em todo o curso da história budista. Essa figura foi o Imperador Ashoka, o terceiro líder da poderosa dinastia Máuria, estabelecida por seu avô.

Ashoka foi o indivíduo que mais se imbuiu do intuito de fazer com que o Budismo se tornasse uma religião mundial.

LEMBRE-SE

Transformando sua abordagem

No início de seu reinado (aproximadamente em 268 AEC), Ashoka seguia as mesmas políticas expansionistas de guerra que seu pai e seu avô seguiam, antes dele. Suas conquistas eram tão extensas que ele acabou por governar um império que se estendia por uma vasta parte do subcontinente indiano.

Mas sua campanha sanguinária para acabar com uma rebelião no que é agora o estado oriental de Orissa envolveu uma quantidade de perdas de vidas tão grande que Ashoka ficou horrorizado com suas próprias ações. Arrependendo-se profundamente de todo sofrimento que havia causado, ele passou por uma profunda transformação espiritual. Tendo se familiarizado com os ensinamentos budistas por meio de um monge que conheceu, Ashoka tomou a significativa decisão de reger seu império de acordo com os princípios budistas de "não violência e compaixão".

Ashoka partiu para colocar esses princípios elevados em prática, em uma escala sem precedentes. Por exemplo:

» Ele abriu mão da conquista militar e, em vez disso, devotou-se ao bem-estar de seu povo.

» Criou escolas e hospitais, e até mesmo mandou cavarem poços ao longo das principais estradas, para que os viajantes se refrescassem.

» Seguindo o espírito de respeito e tolerância, ofereceu apoio real a muitas instituições religiosas diferentes — não apenas às budistas.

» Devido ao seu interesse especial em promover o código moral budista, ele mandou que decretos fossem entalhados em pilares e rochas em todo o seu império, estimulando o povo a se comportar — no convívio com os demais — com base em generosidade, humildade e honestidade.

Ashoka também promoveu a prática da *peregrinação*, visitando os vários locais que Buda havia abençoado com sua presença (vá para o Capítulo 9 para saber mais sobre as peregrinações), e ordenou a construção de milhares de monumentos (*estupas*) ao Buda da Compaixão. Com sua devoção como exemplo, muitos dos súditos de Ashoka também desenvolveram um interesse no Budismo, e o número de indivíduos exercendo a fé budista aumentou drasticamente, principalmente entre os leigos, pessoas comuns.

Antes de Ashoka, o Budismo interessava, em grande parte, às pessoas que eram bem instruídas — ou que tinham uma posição relevante na sociedade. Posteriormente, o Budismo tornou-se uma religião popular.

Capítulo **5**

O Budismo até os Dias Atuais

 Não muito tempo após o fim do primeiro milênio EC, o Budismo havia acabado na Índia. Mas ele alcançou seu verdadeiro auge em outras terras, conforme evoluiu para atender às necessidades de novas culturas que, primeiramente como uma experiência e depois sinceramente, o abraçavam.

Delimitando as Duas Rotas do Budismo

Os historiadores sugerem que o Budismo seguiu duas rotas conforme se expandiu da Índia para o resto da Ásia:

» Transmissão ao sul. A primeira, a rota mais ao sul, levou a tradição conhecida como Budismo Theravada ao Sri Lanka e depois ao sudeste da Ásia e à Birmânia (agora denominada Mianmar), à Tailândia, Laos e Camboja (Kampuchea).

Mas essa classificação entre sul/norte tem suas exceções. Considere a Indonésia, por exemplo: exceto em suas comunidades chinesas locais, essa nação mulçumana ao sudeste da Ásia não teve a própria tradição budista viva durante muitos séculos. Mas as ruínas monumentais em Borobudur (veja o Capítulo 9), que foram adornadas com cenas dos sutras Mahayana, mostram claramente que o assim chamado Budismo do norte já prosperou ao longo da rota de transmissão ao sul. Até mesmo o Sri Lanka, lar do Budismo Theravada desde os tempos áureos (por volta de 250 AEC), abrigou a própria versão do Mahayana, e a tradição Theravada não se tornou a forma oficial de Budismo para essa nação ilha até 1160.

Disseminando a Doutrina dos Anciãos do Sudeste da Ásia para o Ocidente

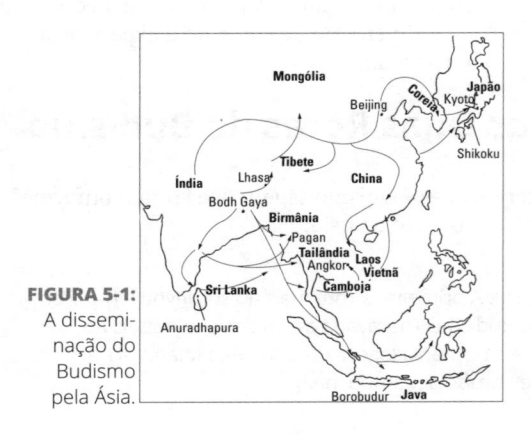

FIGURA 5-1: A disseminação do Budismo pela Ásia.

Conforme o Budismo estabeleceu-se nos vários países ao sudeste da Ásia por meio da rota de transmissão ao sul, ele encarou diferentes desafios.

No Sri Lanka, por exemplo, até mesmo depois de ter se tornado a forma oficial de Budismo, a Theravada (literalmente, "a doutrina dos anciãos") teve que confrontar a ameaça da colonização europeia. Começando a partir do século XVI, os portugueses — e depois os holandeses — ganharam controle de grande parte da ilha. Os europeus consideravam como sendo sua missão converter as pessoas de suas crenças "pagãs", e o Cristianismo acabou jogando o Budismo de lado. O Budismo Theravada não experimentou um retorno à sua antiga proeminência até o século XIX.

As duas principais formas do Budismo alcançaram a Birmânia (agora conhecida como Mianmar) entre os séculos V e VI EC, mas a tradição Theravada acabou prevalecendo. No século XI, a cidade de Pagan — adornada com milhares de templos budistas, dos quais aproximadamente 2 mil sobrevivem ainda hoje — se tornou a capital do primeiro reino unificado da Birmânia. Com a separação desse reino, no entanto, o Budismo sofreu um declínio e não voltou ao seu auge até o século XIX. Hoje em dia, o Budismo e outras instituições livres lutam para sobreviver face à oposição do regime repressivo de Mianmar. Essa luta não violenta é liderada em parte por Aung San Suu Kyi, uma leiga budista que ganhou fama internacional quando recebeu o Prêmio Nobel da Paz, em 1991.

As guerras e a opressão do governo também enfraqueceram severamente as várias formas de Budismo que floresciam em toda a Indochina em séculos anteriores. Embora Laos e Camboja (Kampuchea) já tivessem uma vez sido centros Theravada ativos, o Budismo que permanece no despertar das invasões comunistas dos anos 1970 perdeu muito de sua antiga vitalidade. (O mesmo pode ser dito em relação ao Vietnã, onde a tradição Zen já prevaleceu.)

O Budismo Theravada se instala na Tailândia

A Tailândia traz uma história diferente. O Budismo entrou no país, aproximadamente, no terceiro século EC, e no século XIV os monges do Sri Lanka revitalizaram a tradição Theravada na Tailândia. Hoje, a Tailândia é reconhecida mundialmente por seus ricos templos e estátuas douradas, e pelos monges que vestem mantos de cor açafrão (amarelo-alaranjado) e que andam pelas ruas das grandes cidades recebendo oferenda dos seguidores leigos.

O Budismo permeia a cultura tailandesa moderna. Considere os seguintes exemplos da presença disseminada do Budismo:

>> De acordo com a constituição, o rei deve ser budista.

>> As virtudes budistas, como a gentileza e o autodomínio, são muito praticadas e respeitadas.

>> A ligação entre as comunidades leigas e ordenadas é particularmente íntima, e pode-se sempre depender dos leigos para oferecer alimentos, roupas e qualquer outra forma de apoio que os membros ordenados da sangha necessitam.

>> O costume ainda dita que todos os homens devem passar pelo menos alguns meses de sua vida vestindo o manto de monge e vivendo de acordo com as regras da disciplina monástica.

Como em muitos países budistas, muito do que é visto como prática budista hoje em dia na Tailândia é um tanto superficial, e alguns membros da comunidade monástica responderam a isso se retirando para a solidão da floresta, a fim de reviver as práticas dos moradores das florestas originais budistas da Índia. Em vez de adotar a função comum de um sacerdote de muitos monges que vivem na cidade — oficiando em cerimônias em nome dos leigos e assim por diante —, esses monges adotaram um estilo de vida o mais simples e renunciado possível, voltando à base de sua fé. Não contentes em tratar o

Budismo Theravada simplesmente como uma religião institucionalizada, eles se devotam o mais intensamente possível à prática da meditação. Seu objetivo é a emancipação completa de todas as formas de limitação criadas pela mente — a verdadeira libertação do sofrimento.

A meditação Vipassana ganha popularidade no Ocidente

Durante os anos 1970, alguns desses pioneiros que estudaram com os mestres Theravada no sudeste da Ásia voltaram ao Ocidente e começaram a compartilhar o que haviam aprendido com os outros, estabelecendo centros que levavam as práticas e rituais Theravada antigos diretamente para os Estados Unidos. Talvez um desses pioneiros mais conhecidos seja Jack Kornfield, um autor e mestre de meditação popular, que foi um grande responsável pela introdução do Ocidente nas técnicas de meditação de mestres como Ajahn Chah, uma das principais figuras que reviveu a tradição de meditação nas florestas na Tailândia (veja o Capítulo 15 para saber mais sobre Ajahn Chah).

Kornfield (juntamente com seus colegas pioneiros Joseph Goldstein, Sharon Salzberg e Christina Feldman) fundaram a Insight Meditation Society (IMS), em Barre, Massachusetts, em 1975. Desde então, aqueles que buscam o caminho espiritual têm acesso à instrução na meditação budista sem ter que fazer a difícil jornada até o Oriente; eles só têm que se dirigir à Costa Leste dos Estados Unidos. (Anos mais tarde, Kornfield também se tornou o cofundador do Spirit Rock Meditation Center, na Califórnia.)

Além das técnicas para desenvolver a concentração e a compreensão, centros como o IMS oferecem instruções quanto a outras práticas budistas chave. A meditação *Metta* (ou bondade amorosa) é particularmente popular e amplamente ensinada, tanto separadamente ou como parte do cronograma do retiro vipassana. Muitos desses centros também oferecem formas de instrução de fora da tradição Theravada e até mesmo de fora do Budismo, incluindo cursos ministrados por lamas Tibetanos, roshis japoneses, padres cristãos, xamãs nativo-americanos e outros mestres espirituais. Como resultado, uma tradição eclética, inspirada em uma variedade de fontes, parece estar surgindo. Em troca, essa tradição oferece uma variedade de serviços espirituais, para uma comunidade maior.

Conduzindo o Grande Veículo para a China e Além

Além da Theravada, a outra principal divisão do Budismo é a Mahayana, o autointitulado Grande Veículo, que reverencia o modelo espiritual do *bodhisattva* (um ser que faz um voto para ajudar a libertar todos os seres, além de si mesmo). Enquanto o Budismo Theravada tomou seu caminho em direção ao sul, para o Sri Lanka e outras terras, o Budismo Mahayana sobrevive ainda hoje e se moveu principalmente ao norte, da Índia para a Ásia Central. De lá, passou para a China (no primeiro século EC) e depois fez seu caminho até a Coreia (no século IV) e para o Japão (no século VI). A partir da China, ele também se espalhou para o Vietnã e para o Tibete (no século VII), embora uma transmissão posterior tenha levado o Budismo diretamente da Índia ao Tibete.

A história detalhada do movimento Mahayana pela Ásia é muito mais complexa do que esse breve esboço pode sugerir, mas a descrição oferece detalhes suficientes para apresentá-lo ao assunto. Enquanto o Budismo viajou de uma cultura asiática à outra, a tradição continuou a evoluir de volta em seu lar, na Índia, e ensinamentos adicionais surgiram — o que mudou, consideravelmente, a forma do Budismo Mahayana. Essas diferentes escrituras forneceram a base para as várias tradições Mahayana que se espalharam por toda a Ásia.

Observando o Budismo Mahayana evoluir na China

Embora o Budismo Mahayana tenha nascido na Índia, muito de seu desenvolvimento posterior aconteceu na China. Quando ele se instaurou inicialmente no primeiro século EC, no entanto, os chineses não receberam o Budismo exatamente de braços abertos. Eles tinham orgulho de sua civilização (que, entre outras coisas, tinha produzido duas grandes tradições filosóficas, o Confucionismo e o Taoísmo) e viam qualquer coisa que viesse de terras estrangeiras e "bárbaras" com desdém. Além disso, a ênfase do Budismo na natureza insatisfatória da vida mundana e a necessidade de obter libertação disso não se adaptaram bem a muitos chineses. Essas ideias pareciam estar em conflito com o ideal confuciano de um universo bem estruturado, no qual as coisas funcionavam harmoniosamente se você simplesmente executasse sua função.

No ano 220 EC, a dinastia Han regente teve sua queda. Esse evento acabou com a sensação de segurança e estabilidade desfrutada pelos chineses durante séculos. Nos tempos de incerteza que se seguiram, muitos chineses encontraram conforto na nova fé vinda da Índia, que lidava com a impermanência pela qual sua sociedade passava. Eles também começaram a notar certas semelhanças entre o Budismo e o Taoísmo, e juntavam o *tao* (o *caminho*) ensinado por sua filosofia nativa ao *dharma*, explicitado no Budismo. Enquanto isso, os ensinamentos budistas continuavam a chegar à China, conforme os comerciantes e monges se dirigiam ao leste a partir da Ásia Central. Além disso, muitos chineses fizeram a longa e difícil jornada à Índia para aprender mais sobre o Budismo em sua fonte. Na verdade, a maior parte do conhecimento que os historiadores têm sobre o estado do Budismo na Índia durante o primeiro milênio EC vem dos relatos escritos por esses primeiros peregrinos chineses.

Proliferação em várias escolas

Com o passar dos séculos, o Budismo continuou a se desenvolver e a evoluir na China até que uma série de tradições mais ou menos distintas surgiu. Cada tradição era principalmente associada a ensinamentos específicos de origem indiana, mas com a própria característica única chinesa.

Dizemos "mais ou menos distintas", pois, da maneira chinesa consagrada pelo tempo, as várias tradições tendiam a influenciar e pegar emprestado umas das outras. Até mesmo hoje em dia muitos chineses não se consideram como pertencentes exclusivamente a alguma religião. Eles seguem elementos do Budismo, Confucionismo, Taoísmo e até mesmo a adoração espiritual sem qualquer sensação de contradição.

Durante o auge do Budismo na China, entre os séculos VI e IX, muitas tradições (escolas) budistas apareceram. As seguintes são algumas das mais importantes delas, juntamente com *os sutras* (discursos de Buda) nos quais se baseiam:

>> **Tien-tai.** Baseada no *Sutra do Lótus* (veja o Capítulo 4), essa tradição foi nomeada em homenagem a uma famosa montanha da China.

>> **Ornamento de Flores.** Baseada em um sutra com o mesmo nome, conhecido como Hua-yen em chinês. Essa tradição se tornou o Budismo Kegon no Japão.

>> **Palavra Verdadeira.** Essa tradição chinesa, que teve uma vida relativamente curta, sobreviveu no Japão, como o Budismo Shingon.

>> **Terra Pura.** Baseada nos sutras da *Terra do Êxtase* (veja o Capítulo 4), essa tradição inspirou o desenvolvimento do Budismo Jodo e Jodo Shin no Japão.

>> **Meditação.** Chamada de Ch'an na China e de Zen no Japão, a tradição da Meditação alega estar baseada em uma transmissão direta e silenciosa da compreensão (conforme explicamos na seção sobre Budismo Zen posteriormente, neste capítulo). Os sutras *Exposição de Vimalakirti, Perfeição da Sabedoria* e *Descida ao Lanka* influenciaram fortemente o desenvolvimento dessa tradição.

Não se intimide com essa lista um tanto longa de nomes incomuns. Nós os mencionamos simplesmente para oferecer a você uma ideia da riqueza e diversidade do Budismo chinês em seu apogeu.

Examinando o Ornamento de Flores e Tien-tai: Os grandes sistemas unificadores

Duas escolas do Budismo chinês — a Terra Pura e a Meditação (*Ch'an*) — conseguiram sobreviver à perseguição do século IX relativamente ilesas, e três outras — Ornamento de Flores, Tien-tai e Palavra Verdadeira — foram transpostas com êxito à sociedade japonesa antes de sofrerem um sério declínio em sua terra natal. Esta seção observa mais profundamente as tradições Ornamento de Flores e Tien-tai, ambas tendo desenvolvido sistemas filosóficos abrangentes.

Conforme o Budismo Mahayana evoluiu na Índia, deu origem a vários, por vezes desconcertantes, pontos de vista que causaram um pouco de confusão para os primeiros budistas chineses (para saber mais sobre o Mahayana na Índia, veja o Capítulo 4). Quanto mais os chineses se familiarizavam com os ensinamentos budistas (que os alcançava pouco a pouco, não de uma só vez), mais se perguntavam como os ensinamentos se encaixavam em um todo coerente. Para tirar um sentido dessa variedade de visões, diversas escolas chinesas surgiram para tentar organizar esses múltiplos ensinamentos Mahayana de acordo com os princípios encontrados no *sutra* (discurso budista) específico que mais estimavam.

> **»** **Ornamento de Flores:** O *Sutra do Ornamento de Flores (Avatamsaka)* impressionou tanto os fundadores dessa escola que eles o reverenciavam como o auge do pensamento budista. Eles alegavam que Buda havia proclamado esse sutra imediatamente após sua iluminação, enquanto ainda estava debaixo da árvore Bodhi. Devido ao fato de que o sutra apresentava uma visão não diluída sobre a iluminação, eles argumentavam que ninguém, naquela época, podia compreendê-lo. Em sua sabedoria e compaixão, Buda então explicou o que as pessoas *podiam* entender — as quatro nobres verdades (veja o Capítulo 3) e o restante do cânone Theravada. Buda apenas continuou a apresentar seus sutras Mahayana avançados após ter explicado esses ensinamentos mais fundamentais.

Não importa o que mais ele ensinou, no entanto, o extensor *Sutra do Ornamento de Flores* permaneceu sendo a expressão mais profunda das realizações primordiais de Buda — ou pelo menos era isso que os mestres da tradição do Ornamento de Flores sustentavam. De acordo com seus comentários, esse sutra ensinava sobre a interconexão primordial de todas as coisas no universo. Embora as coisas pareçam existir como entidades separadas e distintas — esta mesa e *aquela* cadeira; os seres comuns e os Budas —, elas todas se interpenetram em uma ampla interação de forças. Por meio da contemplação profunda e repetida dessa interconexão, eles acreditavam, o praticante espiritual poderia experimentar a paz primordial.

CASOS E CAUSOS

» Tien-tai: A outra escola chinesa que tentou organizar todos os diversos ensinamentos de Buda em um todo coerente foi nomeada em homenagem à montanha lar de seu fundador, Chih-i (538-597). Assim como a tradição do Ornamento de Flores, a Tien-tai alegava que Buda primeiramente ensinou o *Sutra do Ornamento de Flores* e, depois, percebendo que ele estava além do entendimento de seus ouvintes, passou ensinamentos que eram mais fáceis de ser digeridos. Mas, de acordo com o Tien-tai, a versão final e mais plenamente expressa da intenção principal de Buda é encontrada no *Sutra do Lótus* (que explica por que o Tien-tai também é conhecido como a escola da Lótus Branca).

De acordo com o *Sutra do Lótus*, Buda não ensinou uma única doutrina a todos os seus discípulos. Ele revelou caminhos diferentes que se adequavam aos temperamentos e capacidades de seus ouvintes. Ele pode ter ensinado a algumas pessoas que o caminho da renúncia e da moral — impedindo-se de machucar aos outros — leva à felicidade em suas vidas futuras. Pode ter dito a outras que o caminho da sabedoria — que penetra a ilusão do eu — leva à libertação completa do ciclo de renascimento. E pode ter ensinado a outras pessoas que o caminho da grande compaixão leva ao serviço iluminado em favor dos outros. (Para descobrir mais sobre esses três caminhos, veja os Capítulos 12, 13 e 14, respectivamente.) Embora esses caminhos possam parecer ter objetivos diferentes, o Tien-tai ensinava que a verdadeira intenção de Buda era liderar a todos, da maneira mais eficaz, até o destino espiritual máximo — a iluminação completa do próprio estado de Buda.

LEMBRE-SE

A escola da Lótus Branca também ensinava que todos os fenômenos no universo estavam fundamentalmente inter-relacionados. A natureza de Buda permeia toda a realidade, sem exceção, e é possível encontrar a verdade em uma folha de grama tanto quanto nos textos religiosos mais sagrados. (Para saber mais sobre a natureza de Buda, veja o Capítulo 2.) Esse modo integrado de olhar as coisas agradou aos práticos chineses, que nutriam uma saudável apreciação pela natureza e pelos detalhes da vida cotidiana. Em vez de procurar uma alternativa espiritual à existência mundana, os budistas chineses geralmente procuravam a dimensão espiritual *dentro* do que lhes era familiar, como é possível sentir pelas paisagens adoravelmente representadas tão típicas da arte budista chinesa.

Narrando a Terra Pura e outras escolas de devoção

As assim chamadas escolas ecléticas, como a Ornamento de Flores e a Tien-tai (ou Lótus Branca), detalhadas na seção anterior, tinham uma grande desvantagem. Elas agradavam mais as pessoas que queriam *estudar* o Budismo do que aquelas que queriam o *praticar*. Felizmente, as escolas Terra Pura e Meditação chegaram e oferece-ram aos futuros praticantes algo direto e relativamente simples de se fazer. Talvez devido à sua simplicidade e apelo geral, essas duas escolas tenham se tornado as tradições budistas predominantes na China, especialmente após a perseguição antibudista do século IX.

A escola Terra Pura tira sua inspiração e direcionamento dos sutras Mahayana que se concentram em Amitabha, o Buda da Luz Infi-nita. Diferentemente do Buda histórico, Shakyamuni, que andava pela terra há 2.500 anos, Amitabha é um ser transcendental que existe além dos limites do tempo e espaço comuns. Sua história transporta a fé budista a um reino místico de maravilhas e belezas extraordinárias; mas, paradoxalmente, esse reino está tão próximo quanto o seu próprio coração.

De acordo com os sutras nos quais Shakyamuni revelou a existência desse Buda, Amitabha (Ami-to-fo em chinês; Amida em japonês), reside no paraíso ocidental de Sukhavati — a Terra Pura do Êxtase. Esse paraíso passou a existir como resultado de uma série de votos sinceros que Amitabha (então conhecido como o bodhisattva Dharmakara) fez perante seu guru. Nesses votos, Amitabha disse que estabeleceria um reino sagrado para o benefício máximo de todos os seres após sua própria realização do estado de Buda. Quando uma pessoa nasce nesse reino, tem a garantia de que alcançará a iluminação plena.

Quer saber a melhor parte? Para renascer nessa terra pura, tudo o que você precisa fazer é ter uma fé resoluta em Amitabha. Se tiver fé, Amitabha e seu séquito de bodhisattvas aparecerão no momento de sua morte e o levarão diretamente a Sukhavati, onde você se sentará sobre uma flor-de-lótus aberta e se banhará na luz infinita de Amitabha. (Se sua fé em Amitabha vacilar, você ainda poderá renascer em Sukhavati, mas precisará passar algum tempo em uma lótus fechada antes de experimentar as bênçãos plenas de Amitabha e sua companhia de seres iluminados.)

Os sutras relacionados a Sukhavati descrevem suas excelentes qualidades em detalhes. Eles até mesmo oferecem as instruções exatas para que você visualize Amitabha (que é tão vermelho quanto o sol poente) e seu lindo cenário. Mas o principal propósito desses sutras é simplesmente lembrá-lo da compaixão de Amitabha: ele já deu vida a Sukhavati pelo seu bem. Todo o trabalho já foi feito; você simplesmente tem que ter fé em Amitabha, e Sukhavati será seu.

Na Índia, a adoração devotada a Amitabha e aos outros Budas transcendentes e bodhisattvas forma parte das práticas Mahayana, em geral. Mas na China e, posteriormente, no Japão, o

LEMBRE-SE

Budismo Terra Pura se tornou uma tradição por si só. É possível ter uma ideia do lugar que a Terra Pura teve — e continua tendo — no coração e na mente das pessoas visitando quase qualquer galeria de arte do Extremo Oriente. Você verá inúmeras representações de Amitabha Buda tanto em pinturas quanto em esculturas. Às vezes, ele está sentado e absorto em meditação. Em outros momentos, está em pé com as mãos esticadas, recebendo a todos para que se juntem a ele em sua terra pura. O que milhões de pessoas em todo o mundo pedem em suas preces mais profundas é que essa figura apareça a elas no momento de sua morte e as leve ao seu paraíso, no oeste.

Intimamente associado a Amitabha está o bodhisattva da compaixão Avalokiteshvara. Os sutras da *Terra do Êxtase* o descrevem como estando em pé do lado direito de Amitabha, ajudando-o a receber os falecidos. Objeto de adoração fervorosa em muitas terras asiáticas, Avalokiteshvara passou por uma transformação extraordinária conforme fazia seu caminho da Índia até o Extremo Oriente: ele se tornou ela! Os devotos budistas adoram essa bodhisattva transcendente, conhecida como Kuan-yin na China e como Kwannon no Japão, quase como os católicos adoram a Virgem Maria. E, assim como Maria, Kuan-yin continua a interceder em nome dos fiéis. Na verdade, os jornais asiáticos comumente ainda relatam histórias de seus salvamentos dos fiéis de naufrágios, incêndios e outros desastres.

O advento das duas escolas Terra Pura no Japão

No Japão, o Budismo Terra Pura se tornou uma das principais tradições do dharma e se dividiu em duas escolas separadas, a Jodo-shu e a Jodo Shinshu.

» Jodo-shu: Traduzida literalmente do japonês como a "escola Terra Pura", a Jodo-shu foi fundada por Honen (1133-1212), uma das grandes figuras do Budismo japonês. Honen se tornou monge quando tinha 15 anos e estudou com mestres de várias escolas budistas, mas acabou ficando cada vez mais desiludido com o Budismo de sua época.

O século XII foi uma época de revoltas sociais e políticas no Japão, e Honen sentia que quase ninguém poderia seguir com êxito as práticas tradicionais do Budismo em uma era tão degenerada. Ele acreditava que as pessoas, primeiramente, precisavam renascer na Terra Pura por meio do voto de Amitabha, e então poderiam alcançar a iluminação. Ele, portanto, encorajava a simples prática de recitar o *nembutsu* (homenagem a Amitabha) juntamente com o cultivo de uma forte fé na graça salvadora de Amitabha. No sânscrito original, a homenagem se chama *Namo amitabhaya buddhaya* — literalmente, "Homenagem a Amitabha Buda." Na pronúncia japonesa, tornou-se *namu amida butsu*, que é o cântico que você ouve sendo recitado nos dias de hoje.

» Jodo Shinshu: Um monge chamado Shinran (1173-1262) foi um dos muitos discípulos que receberam a prática de nembutsu de Honen. Em sua busca sincera pela realização espiritual, Shinran devotou muitos anos a um sério estudo e prática com muitos mestres budistas. Mas apesar de todo seu trabalho árduo ele continuava insatisfeito e inquieto. Shinran sentia que não tinha alcançado nada com valor real. O encontro com Honen foi o ponto decisivo de sua vida. Assim que ele começou a recitar: "Namu amida butsu", experimentou a paz que havia se esquivado dele por tantos anos. Desse momento em diante, ele abriu mão de seus votos monásticos e passou o resto de sua longa vida caminhando em meio às pessoas comuns, muitas das quais se tornaram suas devotas.

LEMBRE-SE

Em 1225, Shinran começou a própria tradição, a qual ele chamou de Jodo Shinshu (a "escola da Terra Pura Verdadeira") para diferenciá-la da tradição de seu falecido mestre. Essa nova tradição se tornou cada vez mais popular e agora tem mais seguidores do que qualquer outra denominação budista no Japão. A abordagem de Shinran era radical em sua simplicidade. Ele interpretava o voto de Amitabha como significando que todos os seres já são iluminados; eles apenas não percebem isso! De acordo com Shinran, você não precisa fazer nada para alcançar Sukhavati — nem mesmo recitar o

> nembutsu. Na verdade, não há nada que possa fazer; tudo já foi feito para você. Você ainda faz homenagens a Amitabha, mas não porque essa prática o levará a Sukhavati. É uma expressão de gratidão por já ter chegado lá!
>
> Atualmente conhecido como as Igrejas Budistas da América, o Jodo Shinshu está ativo na América do Norte desde que os imigrantes japoneses chegaram, trazendo-o há mais de 100 anos. Ainda primordialmente popular entre os nipo-americanos, o Jodo Shinshu ganhou alguns fiéis não asiáticos nas décadas mais recentes e continua a ser uma força com bastante influência no cenário budista norte-americano.

A escola Nichiren

Uma figura controversa chamada Nichiren (1222–1282) fundou outra tradição do Budismo japonês que merece ser mencionada com as escolas Terra Pura, devido a algumas características que elas têm em comum.

LEMBRE-SE

Assim como as escolas Terra Pura, o Budismo Nichiren exige um pouco mais de seus seguidores do que uma forte devoção e a repetição de uma frase curta de homenagem. Mas, diferentemente das escolas Terra Pura, a escola Nichiren não representa uma versão japonesa da tradição chinesa e não dirige sua devoção a Amitabha. Em vez disso, o Nichiren é um produto originário do Japão, e o objeto de sua devoção não é um Buda ou um bodhisattva; é o *Sutra do Lótus*.

O *Sutra do Lótus* é uma escritura Mahayana também reverenciada pela tradição Tien-tai (japonês: Tendai). Como seguidor do Tien-tai, Nichiren compartilhava da adoração em um grau extraordinário. Ele acreditava que o *Sutra do Lótus* era tão poderoso que não era preciso o estudar nem ao menos ler para se beneficiar dele; você simplesmente tinha que recitar seu título com fé. Simplesmente repetir *Namu myoho range kyo* ("Homenagem ao Sutra do Lótus da Lei Maravilhosa") faria seus desejos espirituais e mundanos serem realizados. E essa frase podia cuidar muito mais que apenas dos seus próprios desejos pessoais: o Japão estava passando por um período tumultuado, e Nichiren sentia que apenas a fé no *Sutra do Lótus* o poderia salvar da invasão.

A crença determinada de Nichiren de que seu caminho era o único verdadeiro para a salvação pessoal e nacional se deparou com uma oposição considerável. Ele acusava as escolas budistas estabelecidas de terem uma sociedade com forças demoníacas que pretendiam destruir o Japão e fez muitos inimigos entre o clero budista e o governo. Ele foi até mesmo condenado à morte, mas escapou à execução — por meios milagrosos, de acordo com seus seguidores fiéis. Após três anos em exílio, ele voltou ao Japão e viveu o resto de sua vida no Monte Minobu, próximo ao Monte Fuji, estabelecendo a base para a organização que transmitiria seus ensinamentos após sua morte.

Zen: Instalando-se no Extremo Oriente — E no Ocidente

A escola Terra Pura não foi a única tradição Mahayana focada em oferecer aos seus praticantes uma experiência direta de iluminação. Outra forma do Budismo Mahayana que também se instalou na China, mudou-se para outras culturas asiáticas e acabou fazendo com que sua presença fosse fortemente sentida no Ocidente, também oferecia uma abordagem mais prática. Estamos nos referindo à tradição Zenin, indiscutivelmente a forma de Budismo mais visível e amplamente reconhecida no Ocidente.

O Zen tem a reputação de ser misterioso, por isso, começamos essa discussão com algo simples, seu nome. O termo japonês zen (assim como o termo chinês do qual ele deriva, *ch'an*) pode ser relacionado ao termo sânscrito *dhyana*, que significa meditação. (Confira o Capítulo 14, em que discutimos o *dhyana*, ou concentração meditativa, como a quinta das seis perfeições.) Devido ao fato de que a meditação é uma prática central do Budismo desde seu início (veja o Capítulo

7), ele nunca foi propriedade exclusiva de nenhuma tradição. Mas conforme o Budismo Mahayana começou a se desenvolver na Índia, alguns mestres colocavam uma ênfase maior na meditação do que outros. Um desses mestres, um monge chamado Bodhidharma, viajou para a China no século VI e levou consigo sua própria abordagem à meditação. Ele começou sua estada na China de maneira bastante apropriada, passando nove anos sentado em posição de meditação, virado para um muro.

Entendendo a natureza não dualista do Zen

Para os seguidores da tradição de Bodhidharma, que ficou conhecida como Ch'an (e posteriormente como Zen), a meditação é uma confrontação direta com o momento presente e é capaz de acarretar em uma compreensão penetrante sobre a real natureza da realidade (veja o Capítulo 10 para saber mais sobre a iluminação Zen). Passar por esse momento de despertar espiritual depende não apenas dos esforços do próprio meditador, mas também da influência de transformação do mestre, que oferece aos seus alunos uma transmissão especial fora das escrituras.

O que esse evento quer dizer? Ele demonstra que a realidade primordial pode ser clara e diretamente expressa sem palavras. Na verdade, as palavras e os conceitos, embora possam apontar para a verdade (como um "dedo apontando para a lua", como diz o famoso ditado budista), são inadequados em termos de expressar a verdade plenamente, pois são inerentemente *dualistas*. As palavras e os conceitos se referem a um mundo de coisas aparentemente separadas e sólidas e a eus aparentemente separados que as experienciam. Mas quando um ser desperto observa uma flor e a vê assim como ela é, claramente e sem camadas conceituais (ou seja, além de todas as noções limitadas *disso* e *daquilo*), nenhuma palavra é capaz de expressar a experiência. Por quê? Porque não há experimentador e nada está sendo experimentado. Tudo o que há é simplesmente puro, trata-se da experiência *não dualista* em si. Ao apanhar a flor, Buda convida os outros a compartilhar desse conhecimento não conceitual — e Mahakashyapa expressa sua compreensão com um sorriso silencioso.

Despertar para essa compreensão não conceitual e não dualista é o núcleo do Budismo Zen. Conforme a tradição de Bodhidharma se desenvolveu na China (influenciada fortemente pelo Taoísmo) e depois se instalou na Coreia, Japão e, posteriormente, no Vietnã, diferentes métodos para treinar os discípulos para que descobrissem sua verdadeira natureza, gradualmente, se desenvolveram. Alguns desses diferentes métodos são encontrados nas duas escolas do Budismo Zen, Rinzai e Soto, ativos no Japão e em todo o mundo, hoje em dia.

Traçando o perfil de Rinzai e Soto: Dois estilos Zen diferentes

O Rinzai Zen, levado ao Japão da China pelo monge Eisai, em 1191, favorece o uso dos *koans* (traduzido livremente como histórias de ensinamento) para confundir a mente e criar uma compreensão direta (para saber mais sobre os koans, veja o Capítulo 8). Dentre as centenas de questões e anedotas geralmente elusivas e paradoxais, talvez os koans mais conhecidos no Ocidente sejam: "Qual é o som que faz a mão [ao bater palmas]?" e "Qual era seu rosto original antes de os seus pais nascerem?" Os alunos concentram sua atenção total no koan que lhes foi concedido e tentam revelar seu significado secreto, sua essência viva. Embora não existam respostas corretas, o constante confrontamento com o koan — sob o olhar atento de um mestre habilidoso — leva o praticante Zen ao limite extremo do pensamento conceitual — e, por fim, além dele.

O treinamento oferecido pelo Soto Zen, introduzido no Japão por Dogen, em 1227, concentra-se no *zazen* (meditação sentada, que também é praticada no Rinzai). O Zazen é formal e exigente. Ele enfatiza que seja mantida uma postura correta e ereta durante cada sessão de meditação, enquanto se permanece ininterruptamente consciente do momento presente. (Para ajudar a energizar os alunos que vão se cansando, o mestre Zen pode bater neles acentuadamente com uma vareta feita especialmente para esse fim. Embora pareça assustador, o golpe é estimulante, em vez de doloroso.) Os mestres dessa tradição geralmente enfatizam que você não está meditando para se tornar um

Buda; em vez disso, sentar-se com a consciência desperta é a maneira de expressar a natureza de Buda que você sempre possuiu.

Além do zazen, as práticas Rinzai e Soto Zen oferecem aos alunos a oportunidade de fazer uma entrevista regular e particular com o mestre (conhecida como *dokusan* no Soto e *sanzen* no Rinzai). No Rinzai, essas entrevistas geralmente assumem a forma de encontros espirituais nos quais o aluno tenta apresentar uma resposta digna a um koan e o mestre a aceita ou rejeita. Durante os retiros, os participantes podem permanecer em fila durante horas para ver o mestre e serem dispensados no primeiro minuto de sua entrevista com instruções para voltar à sua almofada para ponderar sobre o koan novamente. No Soto, o dokusan tende a acontecer menos frequentemente e a se concentrar mais nas questões de postura, atitude ou em relação à prática da vida diária — embora certos mestres usem os koans quando parecem adequados ou úteis.

Levando o Zen para sua vida cotidiana

Devido ao fato de que o Zen coloca uma grande ênfase em manter clara a consciência do momento presente, o treinamento não é limitado apenas às sessões de meditação ou à prática koan. Você tem que aplicar a mesma atenção claramente concentrada às tarefas da vida cotidiana que você aplica à sua prática mais formal. A tradição Soto, em particular, enfatiza que cada atividade oferece uma oportunidade de expressar sua verdadeira natureza por meio de um cuidado e atenção genuínos. É possível encontrar muitas histórias sobre mestres Zen que passaram pela experiência da iluminação enquanto executavam tarefas mundanas, em casa — como varrer as folhas ou pendurar as roupas!

O foco Zen no prático e imediato é refletido em seu senso estético austero, mas ainda altamente refinado, o que se tornou uma parte integrante da cultura japonesa tradicional. Os praticantes aplicam, afetuosamente, a mesma consciência e atenção claras aos detalhes que cultivam na meditação a uma ampla gama de atividades, como preparar e servir chá, praticar arco e flecha, fazer arranjos de flores e criar caligrafias refinadas. Essa capacidade de transformar quase qualquer atividade em uma experiência artística e espiritual tornou o Zen particularmente atraente aos artistas e poetas ocidentais. (Você sabia que Vincent Van Gogh, que possuía uma coleção extensa de pinturas japonesas, uma vez pintou um retrato de si mesmo como um monge Zen?)

Reconhecendo o apelo Zen para o Ocidente

Dentre todas as tradições budistas, a Zen talvez tenha a história mais longa de contato direto com o Ocidente — contato esse que sua simplicidade e apelo estético fomentaram. Acredite ou não, a primeira visita registrada de um mestre Zen à América do Norte ocorreu em 1893, quando Soyen Shaku participou do Parlamento Mundial de Religiões, em Chicago. Soyen voltou em 1905, para viajar e ensinar. Seu discípulo, Nyogen Senzaki, o acompanhou e acabou ficando nos Estados Unidos. Embora Senzaki, que morreu em 1958, tenha ganhado poucos alunos aplicados, escreveu diversos livros de influência (com uma amiga norte-americana, Ruth McCandless) e inspirou uma série de norte-americanos que foram treinar no Japão e ajudaram a plantar a semente Zen em solo norte-americano. O estudioso japonês D.T. Suzuki (outro discípulo de Soyen Shaku) também foi extremamente influente. Ele lecionou em diversas universidades norte-americanas, publicou uma série de livros explicando a tradição Zen a um público leigo, além de ter traduzido textos-chave Zen para o inglês.

Seguindo os passos de Senzaki, a onda seguinte de mestres Zen começou a chegar à América do Norte vinda do Japão e da Coreia, nos anos 1950 e 1960. A pacífica atmosfera pós-guerra e o crescente interesse ocidental no Zen encorajaram esses mestres. (A poesia Beat, de Allen Ginsberg, Gary Snyder, Jack Kerouac e outros, e o interesse de renomados psicólogos, como Erich Fromm, demonstraram essa crescente consciência Zen.) Em 1970, diversas grandes cidades, como Nova York, Los Angeles e São Francisco, exibiam crescentes centros Zen — lugares em que alunos motivados podiam se reunir para aprender a praticar meditação, ouvir palestras sobre dharma e participar de retiros mais longos.

O San Francisco Zen Center foi provavelmente o mais conhecido desses centros. Ele agora inclui o Tassajara Zen Mountain Center, o mais antigo monastério Zen dos Estados Unidos (localizado na floresta próximo a Big Sur), e Green Gulch Farm, uma fazenda orgânica e um centro de prática em Marin County. O já falecido fundador do Centro Zen, Shunryu Suzuki Roshi (1905-1971), escreveu o clássico livro best-seller *Zen Mind, Beginner's Mind* (Weatherhill). Outros influentes mestres Zen na América do Norte incluem Joshu Sasaki Roshi, do Mount Baldy Zen Center, no sul da Califórnia; Eido Shimano Roshi, do New York Zen Studies Society; Taizan Maezumi Roshi (1931-1996), do Zen Center of Los Angeles; e o mestre coreano Seung Sahn, da Kwan Um Zen School, com base em Providence, Rhode Island, autor de diversos livros populares, incluindo *Dropping Ashes on the Buddha* (Grove Press).

Hoje em dia, a maioria das grandes áreas metropolitanas — e até mesmo muitas cidades menores — têm seus centros Zen ou seus grupos de encontro, muitos deles dirigidos e liderados por uma nova geração de mestres Zen — ocidentais treinados por mestres coreanos ou japoneses e plenamente autorizados para treinar os outros. Devido à sua simplicidade, praticidade e ênfase na experiência direta, o Zen tem um apelo enorme para os ocidentais. Eles podem o praticar sem ter que aceitar qualquer novo sistema de crença — ou, como diz o Zen: "Sem ter que colocar outra cabeça em cima da que já existe."

Do Tibete para o Ocidente: Mapeando o movimento do Veículo do Diamante

Nos últimos 30 anos, aproximadamente, outra ramificação do Budismo Mahayana, chamada de Vajrayana (ou Veículo do Diamante), cresceu, para rivalizar com a popularidade do Budismo Zen, no Ocidente. A tradição Vajrayana é conhecida por uma série de nomes (incluindo Tantra e o misterioso nome Veículo Esotérico), mas a maioria das pessoas simplesmente se refere a ela como Budismo tibetano em homenagem ao país com o qual hoje em dia a tradição mais se identifica. No entanto, a Vajrayana não é uma invenção tibetana, como alguns escritores de influência já chegaram a pensar que fosse; a tradição é um produto dos mesmos desenvolvimentos budistas na Índia que foram responsáveis por outras tradições Mahayana mencionadas anteriormente neste capítulo.

Como todas as outras formas de Budismo, a Vajrayana alega transmitir os ensinamentos autênticos de Buda — embora os textos (conhecidos como *tantras*) dessa abordagem tenham aparecido muito tempo após a morte de Shakyamuni Buda. Embora os historiadores (e até mesmo outros budistas) possam ter problemas em aceitar esses ensinamentos que apareceram tardiamente como a verdadeira palavra de Buda, os fiéis Vajrayana alegam (assim como os seguidores de algumas outras tradições Mahayana) que Buda ofereceu muitos de seus ensinamentos durante sua vida, que eram muito avançados, para serem amplamente disseminados. O Tantra seria o mais poderoso desses ensinamentos avançados e, portanto, ele estaria mais sujeito a mal-entendidos. Os praticantes tântricos, intencionalmente, mantiveram esses poderosos ensinamentos ocultos da visão geral e apenas os passaram adiante aos poucos escolhidos que puderam se beneficiar deles. Os praticantes posteriores transmitiram esses ensinamentos mais amplamente, embora ainda com um certo ar de segredo — para impedir seu mau uso e degeneração.

Vajrayana na Índia, China, Japão e Tibete

Embora oculto, o Budismo Vajrayana era praticado na Índia de uma forma ou outra durante o século V EC. Ele então se estabeleceu na China no século VIII como a escola Palavra Verdadeira (*Mi-tsung*). Embora essa escola tenha durado apenas um século na China, Kukai (774-836) o levou para o Japão e construiu um templo em 816, no Monte Koya, que permanece sendo o centro daquilo que se tornou conhecido como a tradição Shingon.

Embora, hoje em dia, as pessoas ainda pratiquem o Budismo Shingon no Japão, essa tradição ainda não está tão plenamente desenvolvida — ou completa — quanto o Budismo Vajrayana, que continuou a evoluir na Índia a partir do século VIII. Mantida por grandes meditadores conhecidos como *mahasiddhas* (grandes seres realizados), a tradição Vajrayana prosperou e acabou se tornando uma grande parte do treinamento nas famosas universidades monásticas no norte da Índia, como Vikramashila e Nalanda (veja o Capítulo 9). A destruição de Nalanda pelos invasores, em 1199, marcou o fim da tradição Vajrayana e do Budismo como um todo, na Índia. No início do século XIII, o Budismo não era mais uma religião viável na terra de seu nascimento, muito embora tenha deixado uma marca duradoura na cultura do amplo subcontinente.

Felizmente, até o momento da destruição do Budismo, a tradição Vajrayana já madura, na Índia, estava firmemente estabelecida no Tibete e nas regiões vizinhas do Himalaia graças aos esforços dos mahasiddhas Padmasambhava e Atisha. Embora a tradição tenha alcançado a Mongólia e a Sibéria (e até mesmo tenha feito seu caminho de volta para a China), o Tibete permaneceu sendo o centro do mundo Vajrayana durante séculos, preservando os ensinamentos tântricos como uma tradição vital e eficaz até a brutal invasão do Tibete pelos comunistas chineses nos anos 1950. Ainda assim, a perda do Tibete fora um ganho para o mundo. Com a fuga do Dalai Lama, em 1959, e seu exílio forçado na Índia — juntamente com a fuga de um número relativamente pequeno, mas significativo, de outros grandes mestres —, o Budismo Vajrayana foi disponibilizado no Ocidente como nunca antes.

O propósito da prática Vajrayana

De acordo com a tradição Vajrayana, você já tem tudo o que precisa para experimentar a plena e completa iluminação do estado de Buda. Para que essa iluminação se torne uma experiência viva (e não permaneça apenas como um potencial represado), você deve superar alguns hábitos poderosos, entre os quais o principal é a tendência de se identificar, conscientemente ou não, como um ser "limitado". Ou seja, você está acostumado a se ver como um eu ou ego separado e fragmentado, talhado pelas ilusões do ódio, ganância e ignorância (veja o Capítulo 2), e, portanto, severamente limitado em sua capacidade de agir, falar e pensar de uma maneira que traga felicidade a si mesmo e aos outros.

3

O Budismo na Prática

É aqui que a coisa fica realmente interessante — respostas práticas às suas perguntas sobre o Budismo. Como se tornar budista? Como meditar? Como é um dia típico na vida dos budistas? O que é uma peregrinação budista? Para onde você pode ir? As páginas a seguir contêm todas essas informações e outras, para que comece a trilhar o seu caminho.

Capítulo **6**

Voltando-se para o Budismo

Depois de conhecer um pouco sobre o Budismo (pelo menos conceitualmente), você pode sentir vontade de explorar a doutrina de forma mais detalhada — e talvez até mesmo realizar uma ou duas práticas budistas por si próprio. Mas para onde ir e o que fazer, para começar? "Preciso raspar a cabeça e correr para algum monastério na floresta?", você pode se perguntar. "Ou posso ter um gostinho do Budismo aqui em casa?"

Prosseguindo no Próprio Ritmo

Quando você começar a explorar o Budismo, lembre-se de que Buda não era, tecnicamente, um budista. Na verdade, ele não se considerava membro de religião alguma; simplesmente era um homem que viajava pelos lugares compartilhando algumas verdades importantes sobre a vida. Por isso, você também não precisa ser budista. Budistas e também não budistas podem desfrutar e colocar em prática os muitos valiosos ensinamentos que Buda e seus discípulos ofereceram ao longo dos séculos.

Até mesmo o budista mais conhecido do mundo hoje em dia, Dalai Lama, aconselha que você não mude sua religião para obter benefícios em relação aos ensinamentos do Budismo. (Para obter mais informações sobre esse indivíduo inspirador — e sobre outros — veja o Capítulo 15.) Na verdade, Dalai Lama geralmente desencoraja seguidores de outros tipos de fé de se tornarem budistas — pelo menos até que tenham explorado completamente a tradição segundo a qual nasceram. Quando lhe é pedido para identificar a própria religião, Dalai Lama, frequentemente, responde de maneira bastante simples: "Minha religião é a bondade."

LEMBRE-SE

A mensagem do Budismo é clara:

> » Prossiga no próprio ritmo.
>
> » Considere o que funciona para você e deixe o restante.
>
> » Mais importante, questione o que ouve, experimente a verdade por si próprio e a torne sua.

"Ehi passiko", Buda gostava de declarar. "Venha aqui e veja." Em outras palavras, se você sente afinidade com aquilo que o Budismo prega, fique um tempo e explore. Caso contrário, sinta-se livre para sair quando quiser.

Responsabilizando-se pela própria vida

LEMBRE-SE

Primordialmente, você é responsável por decidir como viver sua vida. No Budismo, nenhum guru ou deus o observa durante todos os minutos do dia, preparado para puni-lo caso se desvie do caminho "correto". As palavras finais de Buda:

"Todas as coisas condicionais são impermanentes. Trabalhe na própria salvação com diligência", impõe o padrão sobre essa questão.

No núcleo dessa abordagem está o entendimento de que a vida, em si, oferece a você a motivação necessária para que se volte à prática budista. Se, e quando, você prestar atenção suficiente às suas circunstâncias, gradualmente descobrirá que Buda estava certo: a vida convencional é marcada pela insatisfação. Você sofre quando não consegue o que quer (ou consegue o que não quer). Sua felicidade não depende de situações externas; depende de seu estado mental. Ao perceber essas simples, mas poderosas, verdades, você naturalmente procura um caminho para sair de seu sofrimento.

Algumas tradições do Budismo incentivam seus seguidores a ir atrás de sua motivação e, portanto, de sua devoção — para o praticar lembrando-se de certas verdades fundamentais. O Vajrayana refere-se a essas verdades como as *quatro preliminares*, que esboçamos na seguinte lista. (Para obter mais informações, veja os capítulos mencionados entre parênteses.)

» **Seu renascimento humano é precioso.** Devido ao fato de você agora ter a oportunidade perfeita para fazer algo especial com sua vida, não a desperdice com buscas triviais (veja o Capítulo 11).

» **A morte é inevitável.** Devido ao fato de que você não vai viver para sempre, não adie sua prática espiritual (veja o Capítulo 11).

» **As leis do karma não podem ser alteradas — ou evitadas.** Devido ao fato de que você experimenta as consequências daquilo que pensa, diz e faz, aja de maneira a lhe proporcionar felicidade — em vez de insatisfação (veja o Capítulo 12).

» **O sofrimento permeia toda a existência limitada.** Devido ao fato de que não é possível encontrar paz duradoura enquanto a ignorância encobre sua mente, faça esforços para alcançar uma verdadeira libertação do sofrimento (veja o Capítulo 13).

Essas preliminares podem evitar que você se distraia com os muitos apelos sedutores à ganância, luxúria e medo que essa cultura materialista incentiva. Ao contrário disso, essas preliminares o ajudam a se manter focado no que diz respeito à própria felicidade e paz mental. (Para saber mais sobre o relacionamento entre sua felicidade e estado mental, veja o Capítulo 2.)

Determinando seu nível de envolvimento

Dada sua ênfase na liberdade individual e automotivação, o Budismo, naturalmente, abre as portas a todos os seguidores em todos os níveis de envolvimento. Os ensinamentos do dharma e a instrução quanto à meditação são oferecidos livremente — e geralmente sem cobranças de taxas — a qualquer pessoa que os queira receber. (Em troca, é comum oferecer alguma forma de apoio material, como dinheiro.)

Você pode comparecer às missas dominicais, que ocorrem em muitas igrejas cristãs, sem se tornar membro ou se autodenominar cristão. O mesmo se aplica ao Budismo. Você pode receber instruções de meditação, ouvir os ensinamentos e até mesmo participar de retiros de meditação sem se tornar, oficialmente, budista. Alguns mestres bastante conhecidos, como o mestre indiano de *Vipassana* (meditação da compreensão) S.N. Goenka, até mesmo hesitam em usar o termo *Budismo*, pois acreditam que os ensinamentos se estendem muito além dos limites de qualquer religião e se aplicam universalmente a todos, qualquer que seja seu envolvimento religioso. Goenka, por exemplo, simplesmente chama aquilo que ensina de *dhamma* (Sânscrito: *dharma*) — a verdade.

Familiarizando-se com o Dharma

Como acontece frequentemente em qualquer envolvimento, as pessoas são atraídas ao Budismo por uma série de motivos. Considere, por exemplo, seu esporte favorito. Talvez você tenha aprendido a o praticar quando criança, e esteja envolvido com ele desde então. Ou talvez um grande amigo tenha apresentado esse esporte a você mais tarde, ao longo da vida. Possivelmente, você foi inspirado a aprender por uma partida espetacular que viu na TV — talvez pelo entusiasmo de um membro de sua família. Ou, talvez, simplesmente tenha visto um folheto sobre uma aula em um centro recreativo local e decidiu que precisava do exercício.

Acredite ou não, as pessoas se voltam ao Budismo por razões semelhantes. Os exemplos a seguir sustentam essa ideia.

> » Algumas pessoas leem um livro ou comparecem a uma palestra de um mestre específico e ficam tão cativadas com os ensinamentos que decidem os seguir mais profundamente. Outras acompanham um amigo, sem saber nada sobre o Budismo, e se encontram repentinamente encantadas. Outras ainda buscam a prática da meditação, pois ouviram dizer que é uma maneira eficaz de reduzir o estresse ou melhorar a saúde, e, conforme a meditação começa a surtir os efeitos desejados, essas pessoas leem mais e descobrem que os ensinamentos também lhes agradam.

> » Algumas poucas pessoas, como o próprio Buda, têm uma compreensão precoce sobre o sofrimento universal da vida humana e se sentem compelidas a encontrar uma solução. Muito mais comum são as muitas pessoas que passam por um sofrimento profundo nesta vida, experimentam outros remédios (como psicoterapia ou medicamentos, por exemplo), e encontram alívio apenas temporário. Para essas pessoas, o Budismo oferece uma abordagem abrangente, para identificar e eliminar a causa fundamental de seu sofrimento. (Para saber mais sobre a causa e o fim do sofrimento, veja os Capítulos 3 e 13.)

> » E algumas pessoas, independentemente da razão, acreditam que seu propósito nesta vida é alcançar a iluminação plena e que o Budismo é a tradição que nasceram para estudar.

Sejam quais forem seus motivos particulares para se familiarizar com o Budismo — todos são igualmente válidos e convenientes —, esse estágio inicial de envolvimento pode, de fato, durar uma vida. Alguns meditadores devotos e já experientes optam por não se declararem formalmente budistas, mesmo tendo estudado os ensinamentos e se comprometido com as práticas durante grande parte de suas vidas adultas. (O primeiro mestre Zen de Stephan o advertiu a nunca se chamar de "budista", mesmo depois de se tornar um monge ordenado.)

As seções a seguir examinam algumas das muitas maneiras possíveis de se familiarizar com o Budismo. Nós as apresentamos na ordem que geralmente ocorrem, mas a verdade é que você pode começar a conhecer o Budismo da maneira que achar adequada, e pode continuar voltando a alguns, se não a todos, desses pontos de contato no decorrer de sua vida.

Escolhendo uma tradição

Ao conferir diferentes livros sobre o dharma, você pode encontrar ensinamentos e traduções que lhe agradem, particularmente. Sua atenção se volta para a abordagem prática e progressiva do Vipassana, que oferece uma variedade de práticas e ensinamentos acessíveis para trabalhar com sua mente? Ou você prefere o caminho mais enigmático e formal da tradição Zen, que enfatiza despertar aqui e agora sua natureza inata de Buda? Ou talvez se interesse pelas visualizações elaboradas e mantras do Vajrayana, que usa o poder do guru e de outros seres despertos para energizar sua jornada à iluminação. (Para saber mais sobre essas diferentes tradições, veja o Capítulo 5.)

Algumas tradições budistas, como as escolas Terra Pura, não enfatizam a meditação, em favor da fé na graça salvadora das figuras budistas conhecidas como bodhisattvas (veja o Capítulo 4). Se você tem uma forte natureza devocional, pode achar uma dessas tradições particularmente interessante.

Se você chegou ao caminho por meio da influência de um mestre ou amigo, pode ser capaz de sentir claramente que a tradição dele é aquela que quer seguir. Mas se você ainda está analisando o que o levou a optar por esse caminho, pode achar útil se concentrar em uma abordagem específica antes de dar o próximo passo — de receber instruções para a meditação. Não estamos dizendo que você não pode mudar de direção em qualquer ponto do caminho, ou que as práticas budistas básicas e as técnicas de meditação não são notavelmente semelhantes entre as tradições, você pode mudar e as práticas são semelhantes. Mas os estilos de prática, que podem diferir apenas ligeiramente, a princípio, começam a se divergir rapidamente conforme você se torna mais ativamente envolvido em uma tradição específica.

Recebendo instruções sobre meditação

Se você vive em uma cidade grande, pode ser possível localizar uma aula sobre meditação budista básica em alguma universidade local ou em algum centro de educação para adultos. Hoje em dia, a meditação budista também vem em um pacote conhecido como *redução de estresse com base na atenção plena* (*mindfulness–based stress–reduction* — MBSR, em inglês), um programa desenvolvido pelo pesquisador e meditador budista de longa data Jon Kabat-Zinn no Centro Médico da Universidade de Massachusetts.

Como método para reduzir o estresse, o MBSR apresenta ensinamentos budistas básicos sobre as causas do sofrimento (pense em estresse, nesse caso) e o caminho para sua eliminação, além de oferecer ensinamentos sobre a prática fundamental da atenção plena. (Para saber mais sobre a meditação budista, veja o Capítulo 7.) Pesquisas demonstraram que o MBSR é eficaz ao ajudar a aliviar uma série de problemas de saúde relacionados ao estresse.

Desenvolvendo uma prática de meditação

Esteja pronto para trabalhar e desenvolver sua prática de meditação durante todo o tempo em que continuar a meditar. Até mesmo os meditadores mais realizados estão, constantemente, refinando sua técnica. Essa é uma das felicidades e satisfações da meditação — ela oferece a oportunidade para exploração e descoberta infinitas. (Para saber mais sobre a prática da meditação, veja o Capítulo 7.)

Nos primeiros meses de seu encontro com a meditação, seu foco será encontrar tempo e local adequados para a prática, além de tentar familiarizar-se com o básico, como seguir sua respiração ou criar a bondade amorosa. Você possivelmente fará perguntas a si mesmo, como:

» O que faço com meus olhos ou minhas mãos?

» Minha respiração parece rígida e sôfrega. Há uma maneira de aliviá-la?

» Como faço para não desviar, completamente, a atenção da minha respiração?

Fazer-se esses tipos de perguntas é normal; por isso, orientação e acompanhamento são cruciais. As pessoas desistem de meditar mais por não terem uma orientação adequada do que por qualquer outro motivo.

Além da técnica, os ensinamentos do Budismo inspiram e informam a prática da meditação budista. Participar de palestras e ler livros sobre o dharma, além de meditar com certa frequência, são aspectos que funcionam em combinação. Conforme suas habilidades de meditação melhoram, os ensinamentos fazem mais sentido para você — e conforme seu entendimento sobre o dharma progride sua meditação, naturalmente, se aprofunda.

Encontrando um mestre

Você pode conseguir meditar de forma bastante satisfatória durante meses — ou anos — sem sentir a necessidade de um mestre. Afinal de contas, com todos os livros sobre o dharma disponíveis hoje em dia, os ensinamentos mais profundos estão apenas a um clique de distância, em uma livraria online (ou a apenas a alguns quilômetros, em uma livraria física). É claro que você já pode consultar um instrutor de meditação de vez em quando ou, até mesmo, participar de uma palestra ocasional oferecida por um mestre budista, mas escolher alguém para orientá-lo em sua jornada espiritual representa outro nível completamente diferente de envolvimento!

Nas diversas tradições budistas, o papel de um mestre assume formas diferentes.

» **Theravada:** A tradição Theravada do sudeste da Ásia, por exemplo, considera o mestre como um *kalyana mitra* (amigo espiritual). Essencialmente, ele é um companheiro que viaja pelo mesmo caminho e aconselha você a "ir um pouco mais para a esquerda" ou "virar à direita um pouco" quando sai do rumo. Além desse tipo de informação, um mestre não tem uma autoridade espiritual especial, além do fato de que ele pode ter mais experiência que você. As palavras *preceptor* ou *mentor* podem ser as melhores equivalentes na linguagem usual para descrever essa função de ensino.

» **Vajrayana:** No Vajrayana, o mestre assume diversos tipos, incluindo:

- **Geshes:** Esses mestres, que geralmente são monges, têm um treinamento acadêmico extenso e são especialistas em interpretar e explicar escrituras.

- **Instrutores de meditação:** Esses mestres oferecem orientação especializada para desenvolver e aprofundar sua prática. Eles podem ser monges ou monjas — ou simples praticantes leigos com experiência.

- **Gurus:** Os gurus são conhecidos como lamas, em Tibetano. Esses mestres geralmente — mas nem sempre — são monges. Os gurus, ou lamas, possuem um treinamento e uma realização quanto à meditação extensa e são reverenciados por seus discípulos como a incorporação das qualidades iluminadas da "sabedoria" e "compaixão".

LEMBRE-SE

Ao escolher um mestre como seu guru, você, geralmente, está firmando um compromisso para toda a vida. Embora possa substituir ou terminar seu envolvimento, acredita-se que desenvolver hostilidade em relação ao seu guru pode gerar consequências kármicas seriamente negativas.

» **Zen:** No Zen, os praticantes consideram o mestre (em japonês, roshi; em coreano, *sunim*) como alguém que tem um poder e uma autoridade espiritual consideráveis. Assim como o guru, os discípulos consideram o mestre iluminado, com a capacidade de despertar realizações semelhantes em seus alunos por meio de palavras, gestos e comportamento. O estudo pessoal próximo a um mestre Zen é um componente essencial dessa prática e treinamento. O Zen também tem seus instrutores de meditação e mestres juniores — mas por trás de todos eles está a presença espiritual do mestre.

Geralmente, o mestre que você escolhe depende da tradição que mais lhe agrada. Mas às vezes o processo funciona ao contrário — você é atraído primeiramente pelo mestre, por meio de seus livros e palestras, e depois adota a tradição que ele representa. Um antigo ditado indiano explica: "Quando o aluno está pronto, o mestre aparece." Você não precisa ter pressa para achar seu mestre. Assim como o ditado sugere, encontrar o mestre certo pode depender mais da sinceridade de sua prática do que de circunstâncias externas. Confie em sua intuição e na própria noção de tempo. Em muitas tradições, estabelecer um relacionamento com um mestre específico precede ou acompanha o compromisso formal com a prática budista.

CUIDADO

Uma única palavra de advertência: assegure-se de analisar um possível mestre cuidadosamente antes de se tornar oficialmente seu aluno. Faça perguntas, realize um pouco de pesquisa e passe o máximo de tempo possível com o mestre. Nos últimos anos, diversos mestres budistas do Ocidente, tanto ocidentais quanto asiáticos, envolveram-se em condutas antiéticas que tiveram consequências prejudiciais para seus alunos e comunidades. Como em todas as interações humanas, não abandone seu bom senso e discernimento.

Tornando-se Formalmente um Budista

LEMBRE-SE

Você não precisa se declarar budista para desfrutar — e se beneficiar — das práticas e ensinamentos budistas. Algumas tradições até mesmo reservam a iniciação formal para indivíduos que escolhem a vida monástica e simplesmente pedem para que as pessoas leigas sigam alguns preceitos básicos. Mas o passo para se tornar budista pode ter um significado pessoal profundo, solidificando seu comprometimento com um mestre ou tradição e energizando sua prática. Por esse motivo, muitas pessoas consideram tomar esse passo algo significativo se a decisão for, efetivamente, envolver-se com o Budismo.

Concentrando-se na importância da renúncia

LEMBRE-SE

Muitas pessoas associam renúncia a "abrir mão das posses materiais e daquilo que as envolve em busca de uma vida de desapego e afastamento". A verdadeira renúncia corresponde a um movimento ou gesto interno (em vez de externo) — embora possa, certamente, expressar-se por meio de ações. Em muitas tradições, tornar-se budista envolve o reconhecimento fundamental de que a existência *samsárica* (veja o Capítulo 13) — o mundo do ganhar e gastar, lutar e alcançar, amar e odiar — não oferece satisfação e segurança primordiais.

Em outras palavras, ao se comprometer com o Budismo como um caminho, você não renuncia à sua família ou carreira; renuncia à visão convencional de que pode encontrar a verdadeira felicidade em questões mundanas. Você renuncia à mensagem implacável da sociedade de consumo de que o próximo carro, casa ou férias lhe darão realização e isso, finalmente, aliviará sua insatisfação e lhe dará o contentamento que desesperadamente busca.

Em vez disso, você adota a visão radical de que é possível alcançar a paz e a felicidade duradouras limpando sua mente e seu coração de crenças e emoções negativas, penetrando na verdade da realidade, abrindo-se ao seu despertar e alegria inerentes e experimentando o que Buda chama de "certeiro alívio do coração".

Refugiando-se nas Três Joias

A mesma reviravolta necessária da consciência para se tornar formalmente budista representa o centro de muitas das grandes tradições religiosas do mundo. Por exemplo, Jesus pediu a seus discípulos que renunciassem às questões mundanas e o seguissem, e muitas igrejas cristãs ainda exigem que seus membros reconheçam Jesus como sua única salvação. No Budismo, essa volta (*metanoia*, literalmente "mudança de consciência") geralmente assume a forma de se refugiar nas Três Joias (ou Três Tesouros): Buda, o dharma e a sangha.

LEMBRE-SE

Em muitos países asiáticos tradicionais, refugiar-se é aquilo que o define como budista, e os leigos recitam votos de refúgio sempre que visitam um monastério ou recebem ensinamentos sobre o dharma. Para praticantes leigos ocidentais, a cerimônia de refúgio se tornou um tipo de iniciação em muitas tradições, com um significado abrangente. Embora possa simplesmente envolver a repetição de uma prece ou canto, refugiar implica que você se volte a Buda, ao dharma e à sangha como suas fontes de orientação e apoio espiritual. Ao deparar-se com a insatisfação e o sofrimento, você não presume, imediatamente, que pode resolver isso ganhando mais dinheiro, tomando o antidepressivo certo ou conseguindo um emprego melhor — embora essas coisas sejam úteis, em um grau limitado.

Em vez disso, você reflete sobre o exemplo do mestre iluminado (Buda, que descobriu o caminho para uma vida livre do sofrimento), procura conselho sábio em seus ensinamentos (conhecidos como o dharma) e busca apoio em outros que compartilham uma orientação semelhante (o sangha, ou comunidade). Muitos budistas repetem seus votos de refúgio diariamente para se lembrarem de seu compromisso com as Três Joias.

Ao se refugiar, pode parecer que você depende de forças externas para atingir sua paz mental. Mas a compreensão mais profunda de muitos grandes mestres e professores sugere que as Três Joias são, primordialmente, encontradas dentro de você — no despertar e na compaixão inerentes da própria mente e coração, que são idênticos aos de Buda.

Recebendo os preceitos

LEMBRE-SE

Além de se refugiar, comprometer-se a seguir certos *preceitos* éticos — ou diretrizes — é um passo importante na vida de um budista. Diferentes tradições podem enfatizar o refúgio ou os preceitos, mas em essência as tradições concordam que se refugiar e comprometer com certos preceitos marca a entrada de um participante no mundo budista.

Se você for um praticante Vajrayana, por exemplo, geralmente formaliza seu envolvimento se refugiando — e depois fazendo aquilo que é chamado de *votos bodhisattva*, de acordo com os quais você promete colocar o bem-estar dos outros antes do próprio. Ao se refugiar, você geralmente recebe um nome budista para marcar sua nova vida como budista.

Na tradição Zen, por contraste, você aprofunda seu envolvimento passando por uma cerimônia na qual concorda em seguir 13 preceitos e (assim como na tradição Vajrayana) recebe um novo nome. Os 13 preceitos Zen incluem os 10 *preceitos graves*:

>> Não matar.

>> Não roubar.

- >> Não manter condutas sexuais impróprias.
- >> Não mentir.
- >> Não usar tóxicos.
- >> Não falar sobre os erros e falhas dos outros.
- >> Não se elevar às custas dos outros.
- >> Não ser avarento.
- >> Não alimentar a raiva.
- >> Não caluniar as Três Joias do Refúgio.

A cerimônia que apresenta os preceitos Zen completos também inclui os três *preceitos puros*, bem como os três refúgios de Buda, do dharma e do sangha. Os preceitos puros são:

- >> Não crie o mal.
- >> Pratique o bem.
- >> Realize o bem para os outros.

É interessante notar que a cerimônia de refúgio Vajrayana inclui um compromisso em agir de maneira ética e a cerimônia dos preceitos Zen, votos de refúgio. Na cerimônia Theravada, para se tornar *upasika* (praticante leigo engajado), assim como praticado em algumas comunidades do Ocidente, os participantes pedem para receber tanto os votos de refúgio quanto os preceitos. Em todo o Budismo, o refúgio e os preceitos funcionam lado a lado e se reforçam.

Em certas tradições budistas — inclusive na Theravada — espera-se que os leigos sigam uma lista abreviada de preceitos — geralmente os cinco primeiros preceitos dos dez que listamos em relação à tradição Zen. Mas os monges e monjas aderem a um código extenso (*o vinaya*), que inclui centenas de regulamentos. (Para saber mais sobre como seguir os preceitos, veja o Capítulo 12. Para informações sobre a ligação entre o comportamento ético, meditação e sabedoria, veja o Capítulo 13.)

Explorando os estágios avançados da prática na condição de leigo

Embora algumas tradições do Budismo acreditem que se tornar monge ou monja tende a acelerar seu progresso espiritual, todas concordam que é possível alcançar o ápice da prática budista — a iluminação — quer você tenha ou não se tornado monástico. Em específico, a tradição Mahayana (veja o Capítulo 4) oferece relatos interessantes de leigos que também foram grandes bodhisattvas, o que sugere que você pode seguir seus passos.

Após se tornar budista refugiando-se nas Três Joias e recebendo os preceitos, você devota o resto de sua vida a viver de acordo com esses princípios e ensinamentos — não é um compromisso qualquer, de modo algum! Na maioria dos centros Zen, todos na sala de meditação, tanto monges quanto leigos, cantam alguma versão desse verso no final da meditação:

Os seres são inúmeros; meu voto é salvá-los.

Os apegos são inesgotáveis; meu voto é pôr um fim neles.

Os dharmas [ensinamentos] são infinitos; meu voto é dominá-los.

O caminho do Buda é insuperável; meu voto é alcançá-lo.

Com esses tipos de promessa para inspirar sua meditação, você, definitivamente, terá a missão de sua vida delimitada para você. Ao estabelecer objetivos elevados, como compaixão, altruísmo, equanimidade e, por fim, a completa iluminação, você se compromete com uma vida de prática e desenvolvimento espirituais.

É claro que você pode encerrar seu envolvimento com o Budismo a qualquer momento, sem repercussões kármicas — exceto aquelas que possam reverberar por meio de sua própria mente e coração. (No Vajrayana, após você se tornar profundamente envolvido com um mestre, abandonar seus votos é um pouco mais complicado.) Na verdade, no sudeste da Ásia, é comum (e considerado espiritualmente benéfico) os leigos (e às vezes também as crianças) rasparem suas cabeças e se tornarem monges ou monjas durante alguns dias. Após praticarem na comunidade monástica por um breve espaço de tempo, devolvem suas vestes e voltam à vida normal — inegavelmente alterados por sua experiência!

Capítulo **7**

Meditação: A Prática Central do Budismo

Como parte de seu treinamento religioso, budistas de todo o mundo se envolvem em uma variedade de atividades diferentes — desde recitar preces e estudar textos religiosos a realizar tarefas domésticas, como cuidar do jardim, servir chá e fazer lindos arranjos de flores. Na verdade, do ponto de vista budista, praticamente qualquer atividade — até mesmo limpar banheiros — pode se tornar uma prática religiosa. Você simplesmente tem que abordar a tarefa com a atitude e motivação adequadas.

No entanto, entre todas as atividades diferentes que você pode imaginar, a maioria das pessoas identifica uma em particular como tipicamente budista, e essa atividade é a meditação. Embora nem todas as pessoas que se denominam budistas meditem — ou façam disso uma parte de sua rotina —, a meditação ainda é a marca distintiva do Budismo.

Mas o que exatamente é a meditação, e o que você pode alcançar com ela? Bem, ficamos felizes que tenha perguntado. Neste capítulo, observamos essa prática mais atentamente e mostramos a você por que e como a meditação exerce um papel tão central no Budismo.

Definindo o que É Meditação

O *Webster's New World Dictionary* (Wiley) define a *meditação* como um "pensamento profundo e contínuo; reflexão solene sobre questões sagradas com um ato de devoção".

Essa definição não é ruim em um sentido geral, mas não chega ao centro da questão. Preferimos a seguinte definição: "Um método para transformar sua visão da realidade ou para entrar em contato com parte de si mesmo que você não conhecia antes."

Existem muitos tipos diferentes de meditação, por isso, encontrar uma definição que abranja todos eles é difícil. Mas se tivéssemos que escolher um termo para explicar a meditação, poderíamos experimentar algo como *familiarização*. O termo pode parecer um pouco estranho, mas transmite muito mais daquilo que é a meditação.

LEMBRE-SE

A meditação é uma maneira de se tornar tão familiar consigo mesmo — com seus pensamentos, sensações, sentimentos, padrões de comportamento e atitudes — que você passa a se conhecer mais intimamente do que achava possível. Alguns mestres descrevem a meditação como o processo de *tornar--se amigo de si mesmo*. Em vez de voltar sua atenção para fora, para as outras pessoas ou para o mundo externo, você se volta para dentro, para si mesmo. Como resultado, parte de seu coração e mente, que poderiam ter sido subdesenvolvidas ou até mesmo desconhecidas antes, gradualmente — por meio desse processo de familiarização repetida — se tornam uma parte natural de quem você é e de como se relaciona com o mundo.

Por exemplo, você imagina que a única maneira que possivelmente pode se relacionar com seus vizinhos irritantes é o modo como sempre o fez: com raiva, amargura e frustração. Mas por meio da prática da meditação você pode desencadear reservas internas de tolerância, entendimento e até mesmo compaixão que nunca soube que tinha. Embora você não necessariamente vá *amar* seus vizinhos, não se surpreenda se acabar se tornando mais amigável com eles do que imaginou que pudesse.

Apesar da associação popular da meditação com cultos religiosos e um olhar obsessivo para o nada, ela não tem nada em comum com aquele outro processo bastante conhecido para mudar o modo como você pensa e se sente — a lavagem cerebral. A lavagem cerebral é algo que uma pessoa ou grupo faz com outra, geralmente sem o consentimento ou consciência plena da pessoa-alvo. No caso da meditação, embora outras pessoas possam o ajudar a se familiarizar com as técnicas, é você quem as aplica, e só faz uso delas depois que determina que são válidas. Ninguém força você a fazer nada.

CUIDADO

A meditação é algo com o qual você se compromete voluntariamente, por ter um bom motivo: ela o beneficiará. Se você alguma vez se encontrar em uma situação em que alguém o esteja forçando a pensar de determinada maneira contra sua vontade ou julgamento, procure a saída assim que puder. Essa pessoa não lhe está ensinando meditação.

Explorando os Benefícios da Meditação

A meditação é um método para conhecer a própria mente. Mas por que fazer isso? "Não seria mais fácil", você pode pensar, "deixar minha mente em paz? Consegui trilhar o meu caminho até esse ponto simplesmente deixando as coisas acontecerem, por que interferir agora?"

Buda lidava com essas dúvidas comparando a mente comum — ou seja, a mente dos seres comuns, não iluminados — a um elefante louco. Antigamente, quando os elefantes selvagens eram comuns na Índia, essa imagem fazia um sentido perfeito para os discípulos de Buda, e até mesmo hoje em dia muitos aldeões têm uma experiência direta com a grande destruição que um elefante enraivecido causa. Mas a mente que opera sob a influência de venenos como o ódio e a ganância é ainda mais destrutiva do que uma manada inteira de elefantes temperamentais. Ela não apenas é capaz de esmagar a felicidade da sua vida presente, mas também pode destruir sua felicidade em inúmeras vidas futuras. A solução para esse problema? Você precisa fazer algo para domar a mente igualada a um elefante louco, e esse algo é a meditação.

Reconhecendo sua condição

Para apreciar o valor da meditação, você deve verificar como sua mente está funcionando no presente momento. Não deve ser necessária uma investigação demorada para que perceba que sua mente esteve sujeita a influências bastante pesadas no passado. Essas influências moldaram sua atitude, condicionando-o a reagir aos eventos de sua vida de maneiras específicas. A menos que já tenha alcançado um alto grau de realização espiritual, esse condicionamento — em grande parte negativo — ainda o afeta. (Por *realização espiritual* queremos dizer a liberdade que surge quando você entende seu condicionamento e chega à paz e clareza por trás dele.)

Por exemplo, pense na maneira como seu ambiente constantemente o bombardeia com mensagens diretas e subliminares sobre como você deveria pensar e se comportar. Você entra em uma loja, e alguma bugiganga eletrônica de última geração parece saltar da prateleira e exigir que a compre. De repente, você sente que, se não comprar aquele produto imediatamente, sua vida ficará incompleta. De onde veio esse impulso de "ter que ter certa coisa"? Você diria que esse tipo de reação é uma expressão espontânea de sua constituição básica? É uma expressão natural da pureza fundamental de sua mente? Ou é uma resposta habitual condicionada pelas horas de propaganda às quais você esteve exposto?

Algumas formas de condicionamento, como a publicidade e a propaganda política, são relativamente fáceis de serem identificadas. Outras formas, como aquelas às quais você esteve sujeito em sua primeira infância ("Você é uma criança terrível; não consegue fazer nada certo!"), são mais difíceis de serem reconhecidas. Outras formas ainda de condicionamento — aquelas que podem ter deixado sua marca em sua mente em uma vida anterior — podem estar completamente além de sua capacidade de se lembrar delas, pelo menos por enquanto. Mas todas essas formas de condicionamento moldam sua mente, de uma maneira ou de outra. Todas exercem uma influência duradoura naquilo que você faz, diz e pensa.

LEMBRE-SE

A meditação é um método para "desprogramar" os efeitos do condicionamento. Após reconhecer que você tende a reagir a certas situações de uma maneira que apenas aumenta sua ansiedade e desconforto, você estará motivado a neutralizar o máximo que puder essas influências prejudiciais. No lugar da ganância, ódio, ignorância e outras ilusões que podem ter moldado suas respostas no passado, você pode optar por se familiarizar com estados mentais positivos e produtivos, como contentamento, paciência, compaixão amorosa e sabedoria.

PALAVRAS DE SABEDORIA

Os mestres budistas gostam de lembrar a seus alunos que a mente pode ser sua pior inimiga — ou melhor amiga. Quando você permite que ela fique à solta, como um "elefante louco", impulsionada por um condicionamento ignorante e pelo pensamento distorcido, sua mente torna-se sua pior inimiga. Mas quando você domina sua mente e trabalha para superar os padrões negativos e alcançar estados mentais mais benéficos — isto é, por meio da meditação — sua mente se torna sua melhor amiga.

Ajustando sua atitude

Uma das primeiras coisas que você pode descobrir a partir da meditação é como evitar responder às situações como um reflexo. Essa realização pode não parecer mudar muita coisa, mas na verdade tem um enorme valor.

Talvez exista uma pessoa irritante em sua vida, alguém com quem você tem que encontrar repetidas vezes. (Chamaremos essa pessoa de *Patrick*. Se você acha mais útil pensar nessa pessoa irritante como uma mulher, apenas mude o nome e os pronomes a seguir do masculino para o feminino.) Patrick pode ser um familiar, vizinho, colega de trabalho ou apenas uma pessoa que você encontra na rua todos os dias. Mas, independente de quem seja, na maioria das vezes, ele o deixa nervoso. Pode ser algo que ele faz ou diz, seu tom de voz ou, simplesmente, sua aparência. Ou talvez ele uma vez tenha dito ou feito algo tão grosseiro e nojento que você não consegue pensar nele sem se lembrar da situação. Ou talvez você não tenha a mínima ideia dos motivos que o levam a achar Patrick tão irritante; você só acha e pronto.

A primeira coisa é saber se a maneira como reage a *Patrick* está criando um problema para você. Afinal, se não há nada de errado, não há nada para corrigir. Ser irritado não é bem um problema; afinal de contas, a vida é cheia de pequenas irritações. Mas se você sente um impulso incontrolável de chutar Patrick na canela toda vez que o vê, provavelmente concordará que há um problema que precisa ser consertado. A simples irritação se transformou em raiva, e até em ódio. Mesmo que consiga manter sua hostilidade sob panos quentes, você ainda está agitado e ressentido internamente, e ainda tem um problema de que você, definitivamente, tem que cuidar — antes que o devore.

LEMBRE-SE

Então, como cuidar da hostilidade? Não é por meio da dissimulação — isso apenas piora as coisas. Se você está comprometido com a abordagem budista, já percebeu que a única maneira eficaz de mudar qualquer situação para melhor é trabalhando primeira e principalmente a si mesmo. Enquanto sua própria atitude permanecer inalterada, qualquer coisa que fizer quanto ao alvo de sua negatividade não resolverá o problema subjacente.

Preparando a base

DICA

Embora não reagir a uma situação difícil ofereça uma solução de curto prazo para seu problema, a única verdadeira, eficaz e duradoura começa antes mesmo de você se deparar com o problema. Esse é o melhor momento de trabalhar em sua atitude e se preparar para lidar habilmente com qualquer coisa que encontre. "Mergulhe" na meditação.

Antes de sair do seu quarto de manhã, passe alguns minutos sentado em silêncio sozinho, permitindo que sua mente sossegue. Quando estiver pronto, imagine que está se deparando com a situação que causa raiva (seu bom amigo, o Patrick irritante, por exemplo) mais tarde naquele dia. Imagine o encontro o mais vivamente possível no olho de sua mente. Imagine Patrick fazendo aquilo que ele geralmente faz que o irrita. Em seguida — essa parte requer um pouco de prática no começo — afaste-se da situação e simplesmente observe o que está acontecendo. Observe a pessoa irritante como se você a estivesse vendo pela primeira vez, quase como se assistisse a um documentário sobre alguém que nunca conheceu. Observe as expressões em seu rosto, as palavras e frases que usa, suas ações, e assim por diante. Pense nesse processo como se estivesse fazendo um inventário, observe o que você encontra sem fazer quaisquer julgamentos.

Então, de uma maneira objetiva semelhante, observe as próprias reações como se as observasse de fora — como se outra pessoa tivesse assumido seu lugar no encontro. Analise como você se sente, o que pensa, como responde. Seja o mais objetivo possível, como um cientista que elabora um experimento e então se afasta para observar o que acontece.

LEMBRE-SE

Esse tipo de observação requer um verdadeiro ato de equilíbrio. Você precisa descobrir como alternar entre dois estados mentais diferentes. Para começar, precisa imaginar seu encontro irritante vivamente, para que possa reagir de forma realista dentro dele, com sentimento, como se a cena estivesse, de fato, acontecendo. Você não está fingindo reagir;

está realmente recriando suas reações típicas, mas em uma escala reduzida. Devido ao fato de que essas reações surgem em um ambiente seguro e controlado — dentro da sua própria meditação, você está protegido de criar o tipo de negatividade que confrontar Patrick ao vivo geralmente desencadeia.

Conforme o encontro se desenrola em sua meditação, encontre um canto em sua mente que não esteja contaminado pelas reações geradas por ele. Use esse ponto calmo vantajoso para observar, o mais imparcialmente possível, o que está acontecendo. Os mestres de meditação de Jon comparam esse canto da mente com um espião nos tempos da guerra. (Algumas tradições budistas o chamam de *testemunha*, *observador* ou simplesmente de *consciência atenta*.) O espião não está envolvido no conflito; fica imperceptível, em um canto, e simplesmente observa o que está acontecendo no campo de batalha. Você pode se surpreender ao descobrir que tem a capacidade de observar o que está acontecendo com você sem se envolver na ação — mas você faz isso. E quanto mais usar essa habilidade, mais forte ela se tornará — mais ou menos como um músculo.

Mudando sua perspectiva

Ao descobrir como alternar, de forma confortável, entre a parte principal de sua mente que está recriando a experiência — nesse caso, a experiência de um encontro irritante com o desagradável Patrick — e a que meramente observa suas reações, você pode prosseguir com uma série de maneiras diferentes.

> » **Experimentando maneiras diferentes de ver a situação.** Em vez de apenas ver Patrick a partir de sua perspectiva limitada, tente vê-lo por meio dos olhos de outra pessoa — alguém, provavelmente, acha que Patrick é uma boa pessoa. Tente observar esse Patrick por um tempo e veja como suas reações em relação a ele começam a mudar. Você pode até mesmo ter gostado do Patrick no passado; se esse for o caso, tente se lembrar de uma época em que você sentia simpatia em relação a ele.

> Ao se concentrar nessa versão mais gentil e amigável de Patrick, é possível começar a descobrir traços positivos em seu adversário que você havia esquecido — ou nunca tinha reparado. Com essa descoberta, sua visão de Patrick começará a ser um pouco aliviada, e sua visão concreta dele como nada além de uma pessoa irritante passará a se dissolver, e você perceberá que suas próprias reações negativas em relação a ele se tornarão menos intensas. Essa realização abre a possibilidade de o seu relacionamento com Patrick evoluir com o tempo. Vocês dois poderão, até mesmo, tornar-se melhores amigos (mas não espere muito que isso aconteça). Ainda assim, mesmo que Patrick e você não se tornem amigos do peito de um dia para o outro, pelo menos você não terá mais um problema tão sério com ele.

> **Concentre menos de sua atenção no problema e mais em suas reações a respeito dele.** Patrick irrita você. Isso é um problema. E essa irritação, provavelmente, parece bastante concreta — como um caroço em seu peito. Mas conforme você observa esse sentimento mais de perto, pode notar que a irritação não é nem um pouco tão substancial como, primeiramente, parecia ser. Assim como todos os sentimentos, ela surge em sua mente, fica ali por um curto período de tempo e então diminui. Não há nada de sólido ou concreto nisso. Se você não lembrar a si mesmo do quanto não gosta de Patrick, aquele sentimento de irritação desaparecerá sozinho. Experimentar a natureza insubstancial e passageira de seus sentimentos impedirá que você acredite neles tão fortemente como costumava fazer. Esse reconhecimento, por si só, aliviará muito a dificuldade em seu relacionamento.

Você notou que nenhuma dessas duas abordagens tenta mudar Patrick de alguma maneira? Em vez disso, elas mudam suas próprias atitudes, pontos de vista e reações. Você não precisa esquecer completamente Patrick. Se ele está fazendo algo prejudicial e você conhece uma maneira habilidosa e eficaz de ajudá-lo a mudar seu comportamento, vá em frente. Mas se não puder contar com isso, a única coisa sobre a qual você, definitivamente, tem poder é sua própria atitude. É com isso que a meditação procura trabalhar.

Os ensinamentos de Buda são repletos de diferentes métodos para alterar a maneira como você olha para as coisas com o intuito de reduzir seu desconforto, desenvolver maneiras habilidosas de lidar com situações difíceis, abrir seu coração para os outros e aguçar sua sabedoria. Compartilhamos algumas dessas técnicas de meditação em várias seções ao longo deste livro, quando apropriado. Mas todas essas técnicas têm algumas características em comum. Elas o ajudam a:

» Ser mais flexível e criativo na maneira como lida com situações potencialmente difíceis

» Abrir mão de velhos padrões de hábito que o mantêm preso à insatisfação e frustração

Apreciando sua vida

A meditação tem inúmeros outros benefícios. Muitos desses benefícios envolvem apresentar-se à sua vida com maior consciência e presença, o que permite que você encontre mais prazer e desenvolva uma maior apreciação pelas outras pessoas e pelas circunstâncias.

A lista a seguir detalha alguns desses benefícios adicionais. Para saber mais sobre os benefícios e a prática da meditação, confira o livro *Meditação para Leigos* (Stephan Bodian, Wiley), a partir do qual adaptamos esta lista.

» **Despertar para o momento presente:** A meditação ensina você como diminuir o ritmo e receber cada momento conforme ele acontece.

» **Fazendo amizade consigo mesmo:** Ao meditar, você descobre como receber cada experiência e a faceta de seu ser sem julgamento ou negação.

» **Conectando-se mais profundamente com os outros:** Conforme você desperta para o momento presente e abre seu coração e sua mente para a própria experiência, naturalmente estende essa qualidade de consciência e presença para sua família e amigos.

» **Relaxando o corpo e acalmando a mente:** Conforme a mente sossega e relaxa durante a meditação, o corpo a segue. E quanto mais regularmente você meditar, mais essa paz e relaxamento se espalharão para cada área de sua vida.

» **Animando-se:** A meditação permite que você encontre um espaço aberto em sua mente no qual as dificuldades e preocupações não parecem mais tão ameaçadoras; assim, soluções construtivas surgem naturalmente.

» **Experimentando o foco e o fluxo:** Por meio da meditação, é possível descobrir como dar a cada atividade a mesma atenção agradável e focada que você geralmente emprega apenas a momentos que atingem o auge — como praticar um esporte ou fazer amor.

» **Sentindo-se mais centrado, com o pé no chão e equilibrado:** Para combater os medos e inseguranças da vida, a meditação oferece um senso de estabilidade e equilíbrio internos que as circunstâncias externas não podem destruir.

» **Melhorando seu desempenho em seu trabalho e lazer:** Estudos mostraram que a prática da meditação básica pode melhorar sua percepção, criatividade, autoexpressão e muitos dos outros fatores que contribuem para um desempenho melhor.

» **Aumentando sua apreciação, gratidão e amor:** Conforme você descobre como receber sua experiência sem julgamentos ou aversão, seu coração, gradualmente, também se abre — a si mesmo e aos outros.

» **Alinhando-se a um sentido mais profundo de propósito:** Quando você recebe sua experiência na meditação, conecta-se a uma corrente mais profunda de significado e pertencimento.

> » **Despertando para uma dimensão espiritual do ser:** Conforme
> sua meditação o abre para a riqueza de cada momento passageiro,
> você, naturalmente, começa a ver além do véu das percepções e
> das crenças distorcidas para uma realidade mais profunda que se
> encontra atrás disso.

Entendendo a Natureza Tríplice da Meditação Budista

O exemplo que usamos anteriormente neste capítulo sobre como lidar com seus sentimentos quando você é confrontado por uma situação difícil enfatizou abrir mão de velhos hábitos para ver a situação de uma nova maneira. O exemplo também envolveu, pelo menos como ponto de partida, não cair em suas reações costumeiras; em vez disso, sentar e "não fazer nada" (ou seja, não reagir).

Contudo, os ensinamentos de Buda contêm muitos outros métodos além de simplesmente não fazer nada. No Budismo, a prática da meditação basicamente envolve três aspectos, ou habilidades, separados, mas inter-relacionados: consciência atenta, concentração e compreensão. Embora as várias tradições sejam um tanto diferentes quanto às técnicas que usam para desenvolver essas habilidades, geralmente concordam que a consciência atenta, a concentração e a compreensão trabalham juntas, e que são três fatores essenciais se você quiser atingir o objetivo da *realização espiritual*.

Desenvolvendo a consciência atenta

Antes de adentrar as camadas de condicionamento e ver clara e profundamente a natureza da existência, sua mente precisa se acalmar o suficiente para tornar tal compreensão possível. Essa parte do processo é onde dois dos três componentes-chave da meditação budista mostram seu valor — a consciência atenta e a concentração.

Para ter uma ideia melhor de como a consciência atenta (geralmente chamada de "atenção plena") opera, considere a popular metáfora budista sobre o lago da floresta. Se ventos e chuvas constantes se abatem contra o lago, a água tenderá a ser agitada e turva com sedimentos e fragmentos orgânicos, e você não conseguirá ver o fundo. Mas você não pode acalmar o lago manipulando a água. Qualquer tentativa da fazer isso meramente causará mais agitação e agravará o problema. A única maneira de fazer com que a água fique limpa é sentar-se pacientemente, observar o lago e esperar que o sedimento se assente por si próprio.

Essa atenção paciente e diligente é conhecida como *consciência atenta*, e é uma das bases da meditação budista. Buda ensinou quatro fundamentos para a atenção plena:

> » Atenção plena ao corpo
>
> » Atenção plena às sensações
>
> » Atenção plena à mente
>
> » Atenção plena aos estados mentais

Quando você é atento, está simplesmente prestando "atenção pura" àquilo que experimenta no momento — pensamentos, sentimentos, sensações, imagens, fantasias passageiras, humores transitórios — sem julgamento, interpretação ou análise.

Na maior parte do tempo, você edita e comenta sobre sua experiência: "Não gosto do que estou ouvindo", "Queria que ela agisse de maneira diferente", "Devo ser uma pessoa horrível para ter pensamentos tão negativos". Mas a meditação da atenção plena lhe convida a receber sua experiência da maneira como ela é — e se você resistir, julgar ou conferir significado à sua experiência, pode estar, atentamente, consciente disso também!

Os praticantes iniciantes da meditação da atenção plena geralmente iniciam prestando atenção ao ir e vir de sua respiração. Com o tempo, você gradualmente expande sua consciência, primeiramente para suas sensações físicas, depois para seus sentimentos e, por fim, para o conteúdo de sua mente. Finalmente, você pode "apenas ficar sentado", o que também é conhecido como *consciência sem escolha*, com sua mente aberta e ampla, e você recebe aquilo que surge sem escolher e separar, seletivamente, certas experiências sobre as quais se concentrar.

Os budistas geralmente são encorajados a praticar a atenção plena durante todo o seu dia, em cada atividade (embora a atenção plena seja especialmente cultivada na almofada ou poltrona de meditação). Seja dirigindo o carro no trânsito, esperando na fila do banco, buscando os filhos na escola, conversando com um amigo ou lavando a louça, você pode estar plenamente atento a seus sentimentos, sensações e pensamentos. Isso independe do local e da situação na qual se encontra. A consciência atenta tem o benefício adicional de tornar a vida mais agradável — quanto mais você se mostra para sua vida, mais a aprecia.

Aprofundando a concentração

Quanto mais plenamente atento você for, mais sua concentração se fortalecerá e aprofundará naturalmente, o que é um benefício adicional da atenção plena. Se a consciência normal e cotidiana equivale a uma lâmpada de 100 watts, a concentração é como um holofote, ou, se você a afiar e focar, lembrará um raio laser. Você já pode estar ciente de momentos em seu cotidiano em que sua concentração, naturalmente, se foca e aprofunda — como quando está praticando um esporte, fazendo amor ou assistindo a um filme interessante na TV. Quando você se concentra, tende a se tornar absorto naquilo que está fazendo — tanto é que, na verdade, você é capaz de perder toda a autoconsciência e se fundir à atividade em si.

Muitas tradições do Budismo encorajam o desenvolvimento da concentração focada porque ela oferece à mente o poder de penetrar profundamente no objeto da meditação. Buda descreveu nove níveis de absorção meditativa gradual, chamados de *jhanas*. Na tradição Theravada do sul e sudeste da Ásia, os monges e monjas às vezes são ensinados a avançar pelos jhanas até que sua concentração esteja tão poderosa (e sua mente tão calma) que a possam usar para mergulhar profundamente nas águas da realidade.

A tradição Theravada, como é praticada no Ocidente (onde geralmente é denominada Vipassana), geralmente não enfatiza os *jhanas*, talvez porque a maioria dos mestres nunca tenha aprendido o método de seus mestres asiáticos. Os estados da mente encontrados nos *jhanas* (inclusive êxtase, alegria e deleite) podem ser tão prazerosos e sedutores que os meditadores às vezes ficam presos nesse nível e perdem o interesse em desenvolver a compreensão. Além disso, alguns mestres, tanto ocidentais quanto asiáticos, acreditam que os *jhanas* não são necessários para a compreensão — ou que podem ser muito difíceis para que a maioria dos meditadores os cultive.

Quer você pratique ou não as absorções, a concentração potencializa qualquer técnica meditativa que pratique. Na tradição Zen, por exemplo, a concentração focada (chamada de *joriki*) é altamente estimada por sua capacidade de ajudar a revelar os segredos das charadas espirituais conhecidas como *koans*. (Veja o Capítulo 5 para saber mais sobre a prática do koan.) Na tradição Vajrayana, os meditadores aprendem a prática da concentração conhecida como calma duradoura, que ajuda a tornar a mente pacífica e clara (como um "lago de águas calmas") e permite que uma penetração mais profunda — ou compreensão — aconteça. Primordialmente, os praticantes Vajrayana consideram a verdadeira meditação como a união dessa calma duradoura e da compreensão.

Desenvolvendo a compreensão penetrante

Após desenvolver sua atenção plena e aprofundar sua concentração, você poderá voltar sua atenção para a realidade em si. Os estágios iniciais da meditação têm benefícios definitivos (como a seção

"Explorando os Benefícios da Meditação", vista anteriormente neste capítulo, explica), mas esse estágio final — a compreensão, ou sabedoria — está no centro de todas as tradições budistas.

Afinal, Buda não ensinava técnicas de redução de estresse ou de aprimoramento de desempenho. Em vez disso, ensinou um caminho completo que leva à felicidade e à paz insuperáveis. Para alcançar esse objetivo nobre, você precisa experimentar uma compreensão capaz de mudar sua vida sobre a natureza fundamental de quem você é de como a vida funciona. (Não é necessário dizer que a redução do estresse e o aprimoramento do desempenho têm o próprio valor relativo considerável.) Para um tratamento mais detalhado sobre essa compreensão capaz de alterar sua vida, veja o Capítulo 13.

Nesse momento, simplesmente queremos destacar que as diversas tradições budistas diferem quanto aos métodos que recomendam para alcançar essa compreensão e até mesmo no conteúdo da própria compreensão.

> » Na tradição Theravada (ou Vipassana), você descobre que a realidade (incluindo você) é marcada pela impermanência, insatisfação e ausência de um eu duradouro e substancial.

> » Na tradição Vajrayana, você reconhece a qualidade ampla, aberta e luminosa de todo o mundo fenomenal.

> » No Zen, você desperta para sua verdadeira natureza, que é variadamente descrita como verdadeiro *eu, não eu, suchness* (talidade) e *não nascido*.

Na realidade, essas diferenças podem ser mais uma questão de termos e conceitos do que de experiência real. O ponto importante, independentemente de como você descreva a compreensão, é que ela o liberta do sofrimento causado por suas visões distorcidas dos padrões habituais e carrega consigo níveis de paz, contentamento e alegria sem precedentes.

Capítulo **8**

Um Dia na Vida de um Budista

Os primeiros capítulos deste livro explicam como o Budismo evoluiu na Ásia, cresceu e se dividiu em várias tradições diferentes, e chegou até o Ocidente. Mas como, na realidade, praticar os métodos e ensinamentos budistas? É claro que a maioria dos budistas medita, mas como exatamente se faz isso? O que mais eles fazem? Como passam seu tempo? Como a vida deles difere da sua?

Neste capítulo, respondemos a essas perguntas oferecendo um olhar exclusivo sobre a prática budista por meio de relatos detalhados de um dia na vida de praticantes de quatro tradições diferentes conhecidas hoje no Ocidente.

Pesquisando o Papel dos Monastérios no Budismo

Os monges e monjas budistas, tradicionalmente, abandonam seus apegos mundanos em favor de uma vida simples, devotada aos três treinamentos do Budismo:

- » **Preceitos:** Conduta ética
- » **Concentração:** Prática da meditação
- » **Sabedoria:** Estudo do dharma e compreensão espiritual direta

Na China, as regras monásticas foram alteradas para permitir que os monges e monjas cultivassem a própria comida e gerenciassem os próprios assuntos financeiros, o que permitiu que se tornassem mais independentes dos apoiadores leigos. Como resultado, muitos monastérios na China, Japão e Coreia se tornaram mundos fechados, em que centenas e até milhares de monges se reúnem para estudar com mestres proeminentes. Nesse local, o comportamento excêntrico, as histórias misteriosas de ensinamentos e o linguajar singular do Zen surgiram.

Apesar das diferenças doutrinárias, arquitetônicas e culturais, os monastérios budistas são notavelmente parecidos quanto à prática diária que promovem. Geralmente, os monges e monjas se levantam cedo para um dia de meditação, cantos, rituais, ensinamentos e trabalho.

Um Dia na Vida de um Monge Budista Ocidental

Um modelo excelente do monasticismo budista no Ocidente é o Abhayagiri, um monastério budista Theravada situado nas florestas ao norte da Califórnia, uma viagem de cerca de três horas ao norte de São Francisco.

Espalhadas pelos 280 acres de floresta de Abhayagiri ficam pequenas cabanas que abrigam os cinco monges plenamente ordenados do monastério, duas monjas e quatro noviços (monásticos em treinamento). Conforme a tradição da floresta de países budistas tropicais, como a Tailândia, onde os dois mestres residentes de Abhayagiri (que estão incluídos entre os cinco monges residentes) começaram seu treinamento, cada praticante tem a própria cabine escassamente mobiliada para meditação e estudo individual.

Os monásticos, em Abhayagiri, não escolheram seu estilo de vida rígido por impulso. Os cinco monges plenamente ordenados começaram como noviços aderindo aos oito primeiros e então aos dez preceitos antes de se comprometerem com o *vinaya* (código de ética) completo, que consiste de 227 preceitos principais. Essa não é uma tarefa simples, como você pode imaginar: apenas memorizar e conhecer todas essas regras pode ser uma grande incumbência!

As monjas comprometem-se a seguir um treinamento desenvolvido especialmente para mulheres da tradição Theravada no Ocidente. O processo para a ordenação completa para monjas Theravada caiu em desuso no sudeste da Ásia há cerca de 1.000 anos (possivelmente devido aos efeitos da guerra e da fome e ao status inferior das mulheres nas sociedades asiáticas tradicionais). Esse novo treinamento para monjas baseia-se na ordenação dos dez preceitos e incorpora cerca de 120 regras e observações que refletem e tentam condensar o *vinaya* original para monjas, que consistia de 311 regras.

LEMBRE-SE

Entre outras restrições, os monges e monjas abstêm-se de atividades sexuais de qualquer tipo, e restringem-se do contato físico com o sexo oposto. Eles não podem comer alimentos sólidos após o meio-dia, não podem vender nada, pedir ou manipular dinheiro, nem contrair dívidas.

Como monástico em Abhayagiri, você segue um horário que é típico dos monastérios budistas em todo o mundo. Você se levanta às 4h da manhã — bem antes do sol —, toma banho, se veste e caminha 804 metros — de sua cabine até o local em que os demais se encontram — em direção ao prédio principal. Lá, vocês entoam os cantos e meditações, que começam às 5h. Durante os primeiros 20 minutos, você recita várias escrituras que expressam sua devoção à prática e abordam temas familiares sobre o dharma, como a renúncia, moderação, bondade amorosa, velhice, doença e morte. Após se refugiar nas Três Joias (Buddha, dharma e sangha), você medita silenciosamente com os outros monásticos durante uma hora e então participa de mais cantos.

Após os cantos das 6h30 às 7h, todos se reúnem para discutir as tarefas do trabalho diurno em um café da manhã leve, constituído por cereais e chá. Após determinar suas responsabilidades, você trabalha de maneira diligente e atenta até as 10h45, e depois veste seu manto para a refeição principal do dia, um prato simples oferecido a você por membros leigos. Após você e os outros monásticos se servirem, os leigos se servem e comem com você, em silêncio. Todos ajudam, a lavar a louça e guardar as coisas. Você então passa a tarde meditando, estudando, caminhando ou descansando, sozinho. Lembre-se, você só poderá comer alimentos sólidos às 7h da manhã do dia seguinte — e comer escondido, definitivamente, não é permitido!

Chá e suco de fruta são servidos no hall principal às 17h30, seguidos por uma leitura e discussão do dharma às 18h30 e meditação e canto às 19h30. Em algum momento entre as 21h e às 22h, você volta para sua cabine para continuar sua meditação — ou para descansar e se preparar para outro longo dia, que começa às 4h.

Um Dia na Vida de um Praticante Zen

A tradição Zen se instalou na América do Norte por volta da virada do século XIX, mas não alcançou uma popularidade tão difundida até os anos 1960 e 1970, quando os mestres Zen começaram a chegar em grandes números, e os jovem (descontentes com a religião segundo a qual haviam sido criados) começaram a buscar alternativas. (Confira o Capítulo 5 para obter mais detalhes sobre o Zen.)

Desde essa época, a expressão ocidental exclusiva da prática budista conhecida como os *centros Zen* apareceu em grandes e pequenas cidades por todo o continente norte-americano. Assim como os monastérios, os centros Zen oferecem uma rotina diária de meditação, rituais e trabalho combinada a palestras regulares e grupos de estudo. Mas diferentemente de suas contrapartes monásticas, os centros adaptam sua abordagem às necessidades dos praticantes leigos atribulados, que têm que equilibrar as demandas da vida familiar, de suas carreiras e de outras obrigações mundanas ao envolvimento espiritual.

Embora os templos Zen no Japão e na Coreia possuam grupos de meditação para leigos, nada parecido com o centro Zen já surgiu na Ásia. O motivo: praticantes leigos que se comprometem fervorosamente com a prática budista são muito mais comuns no Ocidente do que na Ásia, onde os praticantes sérios geralmente fazem votos monásticos ou sacerdotais. Talvez esse fenômeno seja resultado da crença ocidental de que podemos ter tudo: iluminação espiritual e realização mundana. (A ética judaico-cristã tão proeminente na América do Norte ensina que a vida é inseparável da prática espiritual.) Ou talvez os ocidentais simplesmente não tenham escolha: em uma cultura em que o estilo monástico de prática não é amplamente reconhecido ou suportado, os praticantes têm que ganhar a vida enquanto estudam o dharma.

Seja qual for o caso, o Budismo tem os próprios fortes precedentes para essa abordagem: a tradição Mahayana, da qual o Zen é parte, vê os membros leigos e monásticos como iguais em sua capacidade de alcançar a iluminação; já a tradição Zen, em particular, sempre enfatizou a importância da prática budista em meio às atividades mais mundanas, como lavar louça, dirigir um carro e buscar as crianças. A tradição Mahayana expressa a ideia desta maneira:

> "Assim como a flor mais bela, a flor-de-lótus, que cresce em águas lamacentas, também o praticante leigo pode encontrar clareza e compaixão em meio ao tumulto do cotidiano."

Embora os centros Zen formem o núcleo espiritual de suas respectivas comunidades, os membros continuam sua prática durante todo o dia, aplicando a consciência meditativa a todas as atividades.

No coração da prática Zen está o zazen (literalmente, "meditação sentada"), uma forma de meditação silenciosa entendida tanto como método para alcançar a iluminação quanto como expressão de sua natureza de Buda já iluminada. Em outras palavras, você pode *ser* a verdade e buscar por ela também! Que tal esse "compre um e leve dois"?

Como praticante Zen, você é encorajado a praticar o zazen sozinho, mas sentar-se entre outros membros da *sangha* (comunidade) é considerado, particularmente, eficaz e favorável. (A sangha é considerado uma das Três Joias do Budismo, juntamente com Buda e o dharma.) Por isso, a maioria dos centros Zen oferece meditações em grupo diárias — geralmente logo no início da manhã antes do trabalho e à noite, após o trabalho. Dependendo de quanto tempo você tem para gastar e do horário de seu centro local, você pode passar de uma a três horas na prática Zen com os demais.

Nos *zendos* (halls de meditação ligados aos centros Zen) em todo os Estados Unidos, meditadores repetem o ritual familiar de se reunirem enquanto ainda está escuro, antes de amanhecer, para praticarem juntos. (Embora o Zen seja mais bem conhecido no Ocidente em sua forma japonesa, e nós usamos termos japoneses nesta seção, lembre-se de que o Zen teve início na China e foi introduzido no Ocidente por mestres coreanos e vietnamitas.)

Após entrar no zendo, você faz uma reverência em sinal de respeito à sua almofada ou poltrona e então se posiciona, em preparação para o zazen. Mesmo em sua forma ocidental, o Zen é conhecido por sua atenção cuidadosa às formalidades tradicionais. A meditação começa com o soar de um sino ou gongo e, geralmente, o silêncio é mantido durante 30 a 40 minutos. Dependendo da escola Zen à qual pertence (para saber mais sobre as escolas Zen, veja o Capítulo 5) e a maturidade de sua prática, você pode passar o resto do tempo acompanhando sua respiração, apenas sentado (uma técnica mais avançada que envolve a atenção plena ao presente, sem um objeto específico de foco), ou tentando solucionar um *koan* (uma história enigmática de ensinamento. Seja qual for sua técnica, você é encorajado a sentar-se com a coluna ereta, mantendo uma atenção sincera.

Entre os períodos de meditação, você pode formar uma fila com outros praticantes e meditar, enquanto caminha atentamente ao redor do salão — juntos. Seguindo um período ou dois de meditação sentada, todos geralmente cantam alguma versão dos quatro votos bodhisattva:

> » Os seres sensitivos (conscientes) são inúmeros; meu voto é salvá-los.
>
> » Os apegos (ou ilusões) são inesgotáveis; meu voto é pôr um fim neles.
>
> » Os dharmas (verdades) são infinitos; meu voto é dominá-los.
>
> » O caminho do Buda é insuperável; meu voto é igualá-lo.

Durante a cerimônia, após a meditação, você faz uma reverência profunda de três ou nove vezes para o altar (que geralmente apresenta uma estátua de Shakyamuni Buda ou de Manjushri Bodhisattva, flores, velas e incenso) e recita um ou mais textos de sabedoria importantes, que geralmente incluem o *Sutra do Coração*. Esses textos oferecem lembretes concisos do núcleo dos ensinamentos Zen, e o altar representa as Três Joias do Budismo, os objetos primordiais de reverência e refúgio: Buddha, dharma e sangha.

Ao terminar sua meditação da manhã, sua prática Zen começa. Durante todo o dia, você tem oportunidades constantes de ser atento — não apenas com aquilo que está fazendo ou com o que acontece a seu redor, mas também quanto a pensamentos, emoções e padrões de reação que são estimulados pelos eventos da vida. Quer você esteja sentado em sua almofada ou fazendo alguma tarefa, essa consciência estável, inclusiva e atenta está no centro da prática budista de todas as tradições.

Em particular, a tradição Zen enfatiza tomar cuidado com cada aspecto de sua vida, porque a verdade mais profunda é que você não pode se separar das ferramentas que usa, do carro que dirige, dos pratos que lava e das pessoas com quem se encontra. O mundo é seu próprio corpo!

Além da meditação e do serviço, a maioria dos centros Zen oferece palestras semanais sobre o dharma, feitas por um mestre residente, além de oportunidades regulares de entrevistas privadas com o mestre para discutir sua prática. Esses encontros pessoais podem dizer respeito a qualquer área de prática, incluindo trabalho, relacionamentos, meditação sentada e estudos formais sobre o koan. O mestre Zen não é um guru dotado de poderes especiais. Os praticantes o consideram um guia habilidoso e exemplo da maneira iluminada de vida.

Se você for um aluno Zen dedicado mas não puder praticar no centro, seja por estar doente, porque mora muito longe ou porque não consegue organizar seu calendário para incluir a visita, geralmente é possível seguir alguma versão dessa rotina sozinho, sentando-se para meditar de manhã e novamente, se possível, à noite. Então, para energizar e aprofundar sua prática, você pode traçar um objetivo de participar de um ou mais retiros intensivos por ano.

Um Dia na Vida de um Praticante Vajrayana

Além dos praticantes norte-americanos do Budismo, o continente tem milhares de praticantes étnicos que levaram a prática budista consigo ao saírem da Ásia ou que a aprenderam através de seus pais ou avós asiáticos.

Alguns desses budistas asiático-americanos são monges e monjas (muitos oriundos do sudeste da Ásia) que transportaram as formas e práticas tradicionais para solo ocidental. Mas a maioria é leiga, para quem o Budismo geralmente é mais um modo de devoção e um ritual do que meditação e estudo.

Para esses asiático-americanos, ser um budista envolve:

» Ir ao templo aos finais de semana para ouvir um sermão

» Recitar sutras no idioma de sua terra natal

» Participar das cerimônias especiais que marcam as mudanças das estações e a virada do ano

» Compartilhar alimentos nas reuniões do templo

» Ajudar os outros membros do templo em casos de necessidade

Embora eles possam, formalmente, não praticar a meditação, os budistas étnicos geralmente são igualmente devotos ao incorporar os valores budistas, como a bondade amorosa, a compaixão e a equanimidade em seu trabalho e vida familiar.

É claro que muitos praticantes leigos tradicionais praticam a meditação; alguns estudaram com mestres talentosos e devotaram suas vidas a aprofundar sua sabedoria sobre o dharma. Como praticante leigo étnico do Budismo Vajrayana Tibetano agora vivendo no Ocidente, por exemplo, você pode se comprometer com algumas ou todas as seguintes práticas diárias:

» Você se levanta cedo, entre as 5h e 6h da manhã, para começar seu dia com meditação.

» Você anda (circunda) pela sua casa, que possui um santuário sagrado contendo estátuas, ornamentos e outros objetos de ritual.

- » Conforme caminha, você segura seu *mala* (rosário budista) enquanto recita um mantra sagrado como *Om mani padme hum* (o famoso mantra de Chenrezig, o bodhisattva da compaixão) ou o mantra mais longo de Vajrasattva, o bodhisattva da clareza e purificação.

- » Após limpar seu santuário, você oferece 108 prostrações como uma expressão de sua devoção e refúgio nas Três Joias (Buddha, dharma e sangha).

- » Você começa uma prática específica que seu mestre lhe transmitiu, geralmente uma visualização de uma deidade específica acompanhada por um canto, prece e prostrações.

- » Conforme seu dia passa, você constantemente recita o *Om mani padme hum*, seja em voz alta ou silenciosamente para si mesmo, enquanto cultiva as qualidades de compaixão e bondade amorosa por todos os seres.

- » Você passa uma hora ou duas, à noite, estudando certos ensinamentos especiais, recomendados por seu mestre.

- » Antes de dormir, você faz oferendas com incenso e velas em seu altar, medita, faz prostrações adicionais e recita preces de vida longa ao seu mestre e à Sua Santidade, o Dalai Lama.

Como você pôde observar, a vida de um praticante leigo Vajrayana tradicional é permeada pela prática espiritual. É claro que algumas pessoas são mais devotas do que outras e os jovens, mais inclinados a divergirem dos modos tradicionais de seus pais. Mas em geral a cultura tibetana, até mesmo em exílio, é repleta de fortes valores budistas — que geralmente se expressam na prática dedicada.

Capítulo **9**

Seguindo os Passos de Buda

H á dois mil e quinhentos anos, Shakyamuni Buda inspirou seus discípulos originais e sua prática espiritual diária oferecendo seus ensinamentos. Sua presença iluminada afetou profundamente a maioria das pessoas que ele conheceu. Até mesmo quando as pessoas iam a Buda em um estado de espírito agitado, geralmente percebiam que seu comportamento pacífico automaticamente as acalmava.

Mas e quanto às gerações futuras de budistas que não tiveram a oportunidade de encontrar Shakyamuni pessoalmente? Bem, Buda sugeriu que essas gerações podiam receber inspiração para sua prática visitando os lugares onde ele havia permanecido, durante sua vida. Essa recomendação funciona como a base para o costume de fazer peregrinação aos lugares que ele abençoou com sua presença. Esse costume ainda é praticado nos dias atuais e, neste capítulo, disponibilizamos informações sobre esses locais abençoados e sobre algumas das práticas que os budistas realizam ao visitá-los.

Visitando os Locais de Peregrinação Primários

Peregrinação é a prática de visitar um local de significado religioso para realizar um desejo ou dever espiritual ou para receber bênçãos ou inspiração. Uma das práticas religiosas mais universais, a peregrinação, é realizada por centenas de milhares de pessoas em todo o mundo. Os muçulmanos consideram um dever o ato de fazer uma peregrinação até a cidade sagrada de Meca pelo menos uma vez durante suas vidas. Muitos judeus viajam até Jerusalém para rezar no Muro das Lamentações e para conhecer os grandes locais de batalhas bíblicas. Os cristãos podem traçar os passos de Jesus desde Belém até Gólgota ou visitar os locais sagrados em que grandes santos realizaram milagres.

Buda especificou quatro locais de peregrinação de grande importância para seus seguidores:

» **Lumbini:** Local de seu nascimento

» **Bodh Gaya:** Local onde alcançou a iluminação plena debaixo da árvore Bodhi

» **Sarnath:** Local onde proferiu seu primeiro discurso sobre o dharma

» **Kushinagar:** Local onde morreu

De acordo com algumas tradições, Buda alegava que visitar esses e outros locais importantes (ao pensar sobre os eventos que ocorreram ali) permite que um indivíduo de fé purifique o karma negativo acumulado em vidas passadas.

Após a morte de Buda, seus ensinamentos floresceram na Índia por mais de mil anos, e esses locais de peregrinação cresceram e se tornaram importantes centros budistas. O fim do Budismo se deu na Índia; por volta do século XIII, ele tinha praticamente desaparecido do subcontinente, e muitos dos locais sofreram de negligência e caíram em ruína.

Felizmente, até o momento em que o Budismo desapareceu no país de seu nascimento, ele já havia se enraizado em outras culturas asiáticas (veja o Capítulo 5 para saber mais sobre a expansão do Budismo). Por isso, quando, no século XIX, a tarefa de restabelecer esses locais indianos sagrados ganhou proeminência, muitos budistas — e arqueólogos ocidentais — se apresentaram. Como resultado de seus contínuos esforços, os peregrinos, hoje em dia, podem novamente visitar esses locais e receber um toque de inspiração por si próprios.

Lumbini: Uma visita ao local de nascimento de Buda

Um bom local para começar uma peregrinação budista é Lumbini, que agora fica no Nepal, próximo à fronteira com a Índia. Você pode chegar até lá de maneira relativamente fácil, pegando um trem até a cidade do norte indiano de Gorakhpur e então um ônibus que o leve pela fronteira. (Gorakhpur também é o ponto de partida em seu caminho até Kushinagar, local da morte de Buda, descrito posteriormente neste capítulo.)

A área ao norte da moderna Gorakhpur já foi parte do reino dos Shakyas, o clã em que Buda nasceu, e Lumbini, em si, foi seu local de nascimento (veja o Capítulo 3 para saber mais sobre a história da vida de Buda). Os peregrinos budistas de todo o mundo visitam Lumbini para honrar Shakyamuni, o fundador do Budismo, e expressam sua devoção e gratidão por ele por entrarem nesse mundo e por ele iluminar seus caminhos, conduzindo-os à paz duradoura, felicidade e realização espiritual.

Quando os budistas visitam Lumbini (e outros grandes locais de peregrinação), eles expressam sua devoção de várias maneiras. No caso de Lumbini, eles se dirigem ao modesto santuário que se diz marcar o exato lugar em que Shakyamuni nasceu e deixam oferendas ali como sinal de respeito. Essas oferendas geralmente consistem de flores, velas, incensos e qualquer outra coisa considerada agradável e atrativa. (Você não tem que se preocupar quanto a encontrar itens que queira oferecer; os locais de peregrinação budistas e hindus em toda a Índia e nas regiões vizinhas são repletos de pequenas lojas ao ar livre que vendem tudo o que você pode precisar.)

Esses locais de peregrinação também são excelentes para realizar quaisquer práticas formais que você esteja acostumado (veja o Capítulo 8 para conhecer algumas das práticas que os budistas de diferentes tradições geralmente realizam). Por exemplo, muitas pessoas relatam que suas meditações são mais poderosas em locais como Lumbini do que em suas casas, como se o local em si, abençoado por Buda outros grandes praticantes do passado, adicionasse força aos seus feitos espirituais.

Você pode se perguntar como as pessoas sabem que essa pequena vila é, de fato, o local do nascimento de Buda. Muito embora a vila tenha caído em mau estado há muito tempo, os especialistas têm certeza razoável quanto ao local de Lumbini desde o final do século XIX. Nessa época, os arqueólogos descobriram uma evidência importante — um pilar entalhado — que havia sido deixada para trás há mais de 2.000 anos por um dos mais influentes peregrinos budistas de todos: o grande Imperador Ashoka. (Para saber mais sobre Ashoka, uma das figuras mais importantes da história budista, veja o Capítulo 4.)

Exceto pelos resquícios do pilar de Ashoka, no entanto, resta muito pouco em Lumbini dos primeiros anos do Budismo. Quando Jon visitou Lumbini em 1973, um santuário indescritível e uma piscina vizinha em um campo aberto eram os únicos itens de interesse. Mas as coisas mudaram em Lumbini desde essa visita. U Thant, o antigo secretário-geral das Nações Unidas, queria restaurar a área para conferir a ela sua antiga glória, e a UNESCO (a Organização Educacional, Científica e Cultural das Nações Unidas, caso você esteja curioso) ajudou a desenvolver o local.

LEMBRE-SE

Mesmo quando um local de peregrinação está em estado de decadência, você pode se beneficiar ao o visitar — considerando que tenha a atitude e entendimento adequados. Em primeiro lugar, visitar as ruínas de locais historicamente importantes oferece a você a oportunidade de estar frente a frente com a impermanência. Para o peregrino budista consciente, tais ruínas servem como um lembrete poderoso de que até mesmo os monumentos mais impressionantes, um dia, virarão poeira. Se quiser encontrar o verdadeiro valor duradouro neste mundo em constante mudança, você tem que descobrir, por si próprio, as verdades espirituais eternas que os seres iluminados, como Shakyamuni, nasceram para revelar. Se puder manter seu pensamento sobre a impermanência, você ganhará mais com sua visita a Lumbini do que algumas lembranças e algumas fotos.

Bodh Gaya: O local da iluminação

Se os budistas têm uma Meca, ela é Bodh Gaya, o local do magnífico templo Mahabodhi, que fica a leste da famosa árvore Bodhi (para saber mais sobre a árvore Bodhi, veja os Capítulos 3 e 4). Esse templo (que geralmente é uma grande estupa, um monumento que abriga relíquias de Buda) marca o lugar mais importante em todo o mundo budista: o assim chamado "assento de diamante" sobre o qual Buda alcançou a iluminação plena há mais de 2.500 anos. (Coincidentemente, *mahabodhi* significa "grande iluminação", em sânscrito.)

A maioria dos peregrinos chega à cidade de Bodh Gaya tomando um trem até a cidade de Gaya (onde se pode encontrar um dos santuários mais sagrados do Hinduísmo) e então seguindo 13 quilômetros em direção ao sul, de táxi, autoriquixá ou — se você gosta de lotações — de ônibus. A estrada entre Gaya e Bodh Gaya segue ao lado do leito do rio, que fica seco durante grande parte do ano — especialmente no inverno. O inverno é o auge da estação de peregrinação no local por uma boa razão: embora muitos budistas comemorem o aniversário da iluminação de Buda em maio ou junho, pode não ser confortável visitar Bodh Gaya nessa época do ano — a menos que você seja um grande fã de temperaturas que normalmente chegam a 48° C ou mais.

Muito antes de entrar na vila de Bodh Gaya, é possível ver o topo da "Grande Estupa" (como o templo Mahabodhi geralmente é denominado), erguendo-se a 55 metros acima do plano circundante. Ninguém sabe a idade da estrutura com certeza, mas relatos de peregrinos chineses datam sua existência ao século VII (e, possivelmente, de alguns séculos antes).

Fazendo um passeio sagrado

Antes de se sentar na véspera de sua iluminação, Buda demonstrou seu grande respeito pela árvore Bodhi ao andar ao redor dela no sentido horário sete vezes. Desde então, a circunvalação de objetos sagrados se tornou uma prática reverenciada em certas tradições budistas. Os budistas vêm de todos os lugares do mundo para circunvalar o templo Mahabodhi e para prestar seu respeito ao local que corresponde a um dos momentos definitivos da história budista. No auge da estação de peregrinação, é possível ver os budistas realizando as circunvalações a todo momento — durante o dia e a noite. Se por acaso você estiver lá em uma noite de lua cheia — quando se acredita que o poder de tais práticas seja maior — você pode ser, facilmente, influenciado pela massa circundante de humanidade que parece encher a região.

Sentindo a influência de Buda

A área ao redor do templo Mahabodhi possui muitas estupas e santuários menores, alguns dos quais marcam os locais em que Buda permaneceu durante as sete semanas, imediatamente após ter alcançado a iluminação. Muitos peregrinos circulam repetidas vezes por esses locais conforme vão de uma dessas estruturas sagradas para a outra. Por todos os locais, os peregrinos também participam de outras práticas religiosas, como recitar preces, fazer oferendas ou simplesmente sentar em meditação silenciosa. Um local preferido para essa última atividade é uma pequena sala no andar térreo do templo Mahabodhi que é dominada por uma antiga — e particularmente bela — estátua de Buda. Sentar-se ali, em frente a essa imagem abençoada no coração da Grande Estupa, oferece a você a sensação de estar na presença do próprio Buda.

Na verdade, em grande parte de Bodh Gaya, a influência de Buda ainda é muito viva hoje em dia. Um dos mestres de Jon disse a ele que amava Bodh Gaya, pois você não precisa tentar meditar ali; a meditação acontece automaticamente. Budistas de todo o mundo se beneficiam desse local especial construindo templos na área que cerca as terras de Mahabodhi. O número de templos cresceu significativamente nos anos recentes. Nos dias atuais, certas partes de Bodh Gaya se parecem com um parque temático budista, repleto de exemplos da arquitetura religiosa mais diversa que a Ásia tem a oferecer.

Sarnath: O primeiro ensinamento

Quando Buda decidiu que havia chegado a hora de compartilhar os frutos da iluminação que havia atingido debaixo da árvore Bodhi, ele viajou para o Deer Park, em Sarnath, para ensinar seus antigos companheiros. Sarnath fica nas cercanias de Varanasi (ou Benares, como o local é amplamente conhecido no Ocidente). Até mesmo no tempo de Buda, Benares já era um antigo local sagrado. Benares provavelmente é mais famoso como o local para onde os hindus vão para se purificar das impurezas, banhando-se nas águas sagradas do Rio Ganges e para cremar os corpos de seus entes queridos.

Mas os peregrinos budistas voltam sua atenção um pouco mais para o norte de Benares, para Sarnath, onde Buda girou pela primeira vez a roda do dharma, ensinando as quatro nobres verdades que formam a base de todos os seus ensinamentos subsequentes. Os budistas, em todo o mundo, comemoram esse evento, pois o dharma que ele ensinou é considerado o verdadeiro legado de Buda.

Você pode encontrar todos esses locais associados ao primeiro ensinamento de Buda dentro de um parque relativamente novo em Sarnath. Duas estupas já adornaram esse local. A estupa construída pelo Rei Ashoka foi destruída no século XVIII, mas a estupa Dhamekha, do século VI, ainda permanece ali. Durante o período de declínio do Budismo na Índia, muitas obras de arte preciosas foram perdidas. Mas felizmente uma série desses itens foi recentemente revelada e está atualmente exposta no pequeno, mas excelente, museu de Sarnath. Entre os itens em exposição está o famoso capitel do leão do pilar que Ashoka erigiu ali. Essa imagem agora é usada como símbolo da Índia moderna e aparece em sua moeda, e o desenho da roda também localizado no capitel é reproduzido na bandeira da Índia.

Budistas de diversos países asiáticos construíram templos em Sarnath assim como fizeram em Bodh Gaya (confira a seção "Bodh Gaya: O local da iluminação", anteriormente neste capítulo). A tradição de aprendizado que surgiu em Sarnath durante os primeiros anos do Budismo também foi reintroduzida. O Institute of Higher Tibetean Studies (Instituto para Estudos Tibetanos Superiores), bibliotecas e uma editora são expressões relativamente novas dessa tradição. Dessa e de outras maneiras, os indivíduos e grupos preocupados reacenderam a chama do dharma, originalmente acesa em Sarnath.

Kushinagar: A morte de Buda

O menos desenvolvido dos quatro principais locais de peregrinação é Kushinagar, onde Buda faleceu, aos 80 anos. Devido ao fato de que ele era um ser plenamente iluminado, que não mais sofria com a ilusão de ser um eu separado, Buda não temia a morte nem pensava nela como um evento temível. Para Buda, a morte era o parinirvana, ou a libertação final.

Algum tempo antes de falecer, Buda anunciou ao seu ajudante mais próximo, Ananda, que o momento de ele entrar em parinirvana estava se aproximando e que ele desejava viajar de volta à região de seu nascimento para falecer. Os dois homens caminharam para o norte e, quando alcançaram um agradável bosque não muito longe de seu destino, Buda decidiu que aquele era seu local de descanso final. Ele caminhou até uma clareira entre duas grandes árvores, deitou-se do seu lado direito, naquela que é conhecida como a postura do leão, entrou em estados de meditação progressivamente mais profundos e depois faleceu. Depois disso, seu corpo foi cremado.

Embora evidências arqueológicas provem que diversos monastérios budistas já foram erguidos em Kushinagar e que o Rei Ashoka construiu diversas estupas ali, muitos poucas delas resistem. No entanto, uma antiga estátua de Buda reclinado na posição de leão foi restaurada. Essa estátua, juntamente com alguns outros monumentos que marcam o local de descanso final e o local onde Buda foi cremado, está ali para ser vista. Muitos peregrinos relatam, no entanto, que Kushinagar possui uma atmosfera extraordinariamente calma, tornando-se um local perfeito para uma meditação pacífica.

Saindo em Peregrinação Hoje em Dia

Embora Shakyamuni Buda tenha passado toda a sua vida na parte norte do subcontinente indiano, essa não é a única parte do mundo para onde uma pessoa pode ir em uma peregrinação budista. Conforme o Budismo se espalhou pela Índia e além dela, muitos lugares diferentes foram associados a mestres importantes e meditadores famosos, e esses também se tornaram destinos para os peregrinos budistas devotos (ou simplesmente curiosos).

Não podemos fazer justiça a um grande número de locais sagrados budistas que ainda são visitados por budistas hoje em dia. Até mesmo em uma área relativamente pequena, como o vale Kathmandu, do Nepal, é possível se passar meses indo de um local sagrado para o outro e ainda assim não conhecer todos. A breve lista a seguir, portanto, representa apenas uma amostra do rico tesouro de locais que você pode cogitar visitar algum dia:

>> **Templo do Dente Sagrado**, em Kandy, Sri Lanka (antigo Ceilão). Um dente, que se acredita ter pertencido a Shakyamuni Buda, é sagrado aqui. Na lua cheia de agosto, todos os anos, um magnífico festival é realizado — completo, com elefantes — em sua honra.

>> **Pagode Shwedagon**, em Rangoon, Mianmar (antiga Birmânia). Esse monumento dourado, famoso mundialmente, abrigando oito fios de

cabelo de Buda, ergue-se atingindo uma altura de mais de 97 metros e é o mais venerado de todos os santuários budistas da Birmânia.

» **Monte Kailash**, na parte oeste do Tibete. Essa montanha de gelo remota, com forma piramidal, é conhecida como o ponto focal de energias espirituais profundas e é o lar de deidades hinduístas e budistas. Aqueles fortes o suficiente para fazerem a árdua viagem até aqui e concluírem o circuito ao redor dessa montanha sagrada relatam essa peregrinação como um ponto alto (literal e figurativamente) de suas vidas.

» **Borobudur**, em Java, Indonésia. Essa enorme escultura, com muitos terraços — construída com o formato de uma *mandala* (ou diagrama circular que simboliza o universo interno e externo) sagrada — é repleta com centenas de estátuas e estupas de Buda. Entalhadas em suas paredes estão cenas primorosamente retratadas mostrando a jornada espiritual; essas cenas estão dispostas de uma maneira que, conforme você dá a volta e passa por vários terraços, é apresentado a estados cada vez mais elevados de experiência iluminada.

» **Os 88 Locais Sagrados** de Shikoku, Japão. O grande mestre budista japonês Kukai (774-835 EC) estabeleceu uma rota de peregrinação ao redor da bela e montanhosa ilha de Shikoku, e pessoas de todas as idades e nacionalidades vão até lá para completar todo o circuito — ou parte dele.

» **Praticamente todo lugar**. Inspirados pelo exemplo de Kukai, uma série de budistas modernos estabeleceu rotas de peregrinação por áreas cênicas dos próprios países. Alguns dos poetas da geração Beat associados à Califórnia, por exemplo, criaram a prática de caminhar pelo Monte Tamalpais, uma montanha ao norte de São Francisco, sagrada para os nativos americanos. Essa prática continua a existir hoje em dia, e, com a criação de um número cada vez mais crescente de monastérios, centros de retiro e templos no Ocidente, as trilhas que os ligam às rotas de peregrinação budistas tendem a crescer.

4
Percorrendo o Caminho Budista

NESTA PARTE...

Você pode pensar nesta parte como um útil mapa desdobrável. Aqui nós estabelecemos todo o caminho budista — com o objetivo da iluminação bem à sua frente, desde o início. Agora, tudo o que você tem a fazer é chegar ao seu destino — e com nossa orientação, você terá uma partida vantajosa! Essa parte destaca os marcos importantes em sua jornada e mostra a você como avançar em um novo e inspirador terreno.

Capítulo **10**

O que É Iluminação, Afinal?

Um livro pioneiro que detalha as repentinas experiências relacionadas ao despertar de dez meditadores atraiu Stephan à prática do Budismo, no final dos anos 1960. Apresentados na forma de cartas e entradas de diários, esses relatos dramáticos narravam anos de prática e meditação intensiva, além dos resultados poderosos e capazes de mudar uma vida que, finalmente, (embora não imediatamente) seguia. Homens e mulheres choravam e riam de alegria conforme mergulhavam nesse estado, após anos de condicionamento. Ao fim, todos percebiam quem eram, em sua essência.

Enquanto um jovem aluno universitário, Stephan tinha passado por sua parte de sofrimento e tinha pesquisado a filosofia ocidental buscando por soluções e se encantou com o que leu. Ele imediatamente ficou interessado na meditação. Se aquelas pessoas comuns podiam despertar, ele achou que também poderia.

Naquela época, poucas pessoas já tinham ouvido falar sobre o termo *iluminação*, usado no contexto budista; os livros disponíveis sobre o Budismo, para um público geral, ocupavam metade de uma prateleira em apenas uma livraria, no máximo. As coisas realmente mudaram, nos últimos 30 anos! Hoje, os livros budistas, regularmente, entram para as listas de best-sellers do *New York Times*, e todos parecem buscar a iluminação, de uma forma ou outra. É possível ler manuais populares para "despertar o Buda interior" ou alcançar "a iluminação facilmente," e é possível fazer "intensivos para a iluminação" em seu estúdio de yoga local. Até mesmo uma empresa de perfumes produz uma essência chamada Satori, a palavra japonesa para "iluminação".

Mas o que a "iluminação", realmente, significa? Embora a atual cultura imediatista tenha trivializado o termo, *iluminação* é, na verdade, a mais profunda de todas as realizações do Budismo, a culminação do caminho espiritual; uma vida pode ser despendida à sua prática e muitas indagações podem surgir, para que a iluminação seja alcançada. Neste capítulo, descrevemos (o melhor que pudemos) o que é a iluminação — e o que ela não é — e explicamos como ela mudou de formato e se adaptou às diferentes culturas, conforme o Budismo evoluiu.

Considerando as Muitas Faces da Realização Espiritual

Se você já leu as histórias das grandes magias e sagas do mundo, saberá que as experiências espirituais acontecem em uma deslumbrante gama de formas e dimensões. Por exemplo:

>> Alguns *xamãs* nativo-americanos entram em estados de transe; nestes momentos, eles viajam para outras dimensões a fim de encontrar aliados e outras fontes de cura para os membros de sua tribo.

>> Alguns hindus experimentam poderosos choques de energia conhecidos como *kundalini*, entram em estados de êxtase que duram horas — ou se fundem, unindo-se a divindades como Shiva ou Kali.

Embora tais experiências dramáticas possam ter um impacto espiritual transformador em um indivíduo, elas podem — ou não — ser iluminadoras, conforme o Budismo entende esse termo. Na realidade, a maioria das tradições do Budismo não dá importância a visões, vozes, poderes, energias e estados de transes, alegando que isso distrai os praticantes do verdadeiro propósito de seu esforço espiritual — uma compreensão direta e libertadora sobre a natureza essencial da realidade.

O ensinamento budista básico da impermanência (Pali: *anicca*) sugere que, até mesmo as experiências espirituais mais poderosas vêm e vão, como nuvens no céu. O objetivo da prática é perceber uma verdade tão profunda e fundamental que ela não muda, pois não se trata de uma experiência; é a natureza da realidade em si. Essa percepção inegável e inalterável é conhecida como *iluminação*.

LEMBRE-SE

Um dos principais ensinamentos de Buda eram as *quarto nobres verdades* (veja o Capítulo 3, para mais informações), em que ele explicava a natureza e a causa do sofrimento e indicava um "caminho óctuplo" para sua eliminação do mesmo. Esse caminho culmina na iluminação, também conhecida como a "certeira libertação do coração", na qual toda noção de separação se dissolve — e com ela as emoções e estados de espírito negativos baseados na ilusão da separação, como ganância, raiva, inveja, apego e medo. (Os budistas têm algumas divergências sobre o que é revelado quando essa noção de separação desaparece; nós explicamos mais sobre isso, em breve.)

Buda também ensinou que todos os seres têm o mesmo potencial para a iluminação que ele tinha. Em vez de se considerar como um caso elevado e especial, Buda enfatizava que ele era apenas um ser humano, com as mesmas tendências internas e tentações, como todas as outras pessoas. Uma das verdades para a qual ele despertou, debaixo da árvore Bodhi, referia-se a essa igualdade espiritual, essencial. A única coisa que distingue os seres comuns de um Buda, ele ensinava, são as visões distorcidas, apegos e emoções aversivas que bloqueiam a verdade de nossos olhos.

Todas as tradições do Budismo, indubitavelmente, concordariam em relação aos ensinamentos fundamentais quanto à iluminação, que esboçamos nos dois parágrafos anteriores — afinal, esses ensinamentos vêm do mais antigo e universal discurso de Buda. No entanto, as tradições diferem quanto ao conteúdo da iluminação e quanto ao meio preciso para alcançá-la. Qual é o verdadeiro objetivo da vida espiritual? Para o que você desperta — e como chegar lá? Acredite ou não, as respostas para essas perguntas realmente mudaram com o passar dos séculos, conforme o Budismo evoluiu.

A maioria das tradições acredita que sua versão à iluminação corresponde, exatamente, à mesma versão de Buda. Algumas tradições chegam a afirmar que a sua é a única versão verdadeira — a percepção mais profunda e secreta que Buda nunca ousou revelar durante sua vida. Outros comentadores insistem que a realização de mestres budistas posteriores levou a prática e a iluminação a dimensões que nem mesmo o próprio Buda havia previsto. Qualquer que seja a verdade, as tradições diferem claramente, de maneira significativa.

Analisando o Conceito da Tradição Theravada sobre o Nirvana

A tradição Theravada baseia seus ensinamentos e práticas no *Cânone Pali*, uma coleção dos discursos de Buda (Pali: *suttas*) que foram preservados por meio da memorização (por monges que realmente os presenciaram), transmitidos oralmente por muitas gerações e, por fim, registrados por escrito, mais de quatro séculos após a morte de Buda. (Para alguém como Stephan, que tem dificuldade em lembrar até mesmo números de telefone, tais habilidades de memorização são surpreendentes.) Devido ao fato de esses ensinamentos poderem ser diretamente ligados às palavras do Buda histórico, alguns proponentes da tradição Theravada alegam que eles representam o Budismo original — ou seja, o Budismo como "O Iluminado", de fato o ensinou e pretendia que ele fosse praticado e realizado — e muitas tradições consultam o Cânone Pali como uma fonte confiável das primeiras compreensões de Buda.

A tradição Theravada elabora um caminho detalhado e progressivo de prática e realização que guia o aluno por quatro estágios de iluminação, culminando no nirvana (Pali: *nibbana*) — a libertação completa do sofrimento. O caminho, em si, consiste de três aspectos — ou *treinamentos*: o comportamento ético, a meditação e a compreensão. (Para saber mais sobre os três treinamentos, veja o Capítulo 13. Para saber mais sobre a tradição Theravada, veja o Capítulo 5.)

Definindo nirvana

Devido ao fato de que Buda considerava o desejo e o apego duas das causas raiz de todo o sofrimento, o nirvana, geralmente, era definido "como a ausência de desejo".

LEMBRE-SE

O termo nirvana significa, literalmente, "apagar", referindo-se à chama do desejo que nos faz permanecer como seres não iluminados, retornando infinitamente, de um renascimento ao outro. Quando você atinge o nirvana, você apaga essa chama e se liberta completamente de toda a negatividade — não apenas o desejo e o apego chegam a um fim, mas o ódio, a raiva e a ignorância também desaparecem, conforme a noção de um eu separado se dissolve. Simplesmente porque os termos usados para se referir ao nirvana enfatizam a ausência de certas qualidades indesejadas, não presuma, erroneamente, que o nirvana, em si, é negativo. Esses termos, aparentemente negativos, apontam para uma verdade incondicional que está além da linguagem e que, portanto, não pode ser descrita, precisamente, em palavras. Em sua sabedoria, Buda percebeu que termos positivos, que parecem descrever um estado limitado, podem ser mais enganosos do que úteis, pois o nirvana não é um estado e não tem limitações.

LEMBRE-SE

Na tradição Theravada, o nirvana é considerado como a verdade absoluta, a percepção completa das coisas como elas são: tudo muda constantemente e não tem uma essência — ou eu — permanente e eterna. Quando a ilusão de um eu separado se dissolve, apenas o nirvana permanece. Não há mais nenhuma tendência de se referir ou proteger um "eu separado", pois já foi visto claramente que tal "eu" nunca existiu, exceto como uma coleção de pensamentos e sentimentos passageiros. Nem existe a menor das insatisfações, pois todos os traços de desejo desapareceram. Se o nirvana possui um sentimento ou tom específico, ele é, geralmente, caracterizado como uma tranquilidade, contentamento e êxtase inabaláveis. Parece interessante?

Revelando os quatro estágios do caminho para o nirvana

A lista a seguir explica os quatro estágios distintos em direção ao caminho para o nirvana.

» **Aquele que entra no rio:** A primeira compreensão direta sobre a ausência de eu geralmente é a mais poderosa, pois ela é diferente de tudo o que você já experimentou antes. Durante um momento infinito (que pode durar apenas um instante), não há ninguém ali — ou seja, não há indício de um eu separado, em lugar algum. Um sentimento de alívio tremendo, geralmente acompanhado por alegria e êxtase, normalmente se segue à experiência: finalmente, você atingiu a compreensão que estava procurando, por tanto tempo. Por fim, você "entrou no rio" da realização.

Quando você se torna aquele que entra no rio, você nunca mais volta a acreditar que você é, de fato, um eu separado, que vive dentro de sua cabeça e olha através de seus olhos. Sua experiência elimina, para sempre, essa ilusão. Quando você olha para dentro, não consegue encontrar um eu em lugar algum. Na vida cotidiana, no entanto, você ainda pode se sentir como se fosse uma pessoa separada e ainda pode sentir-se contagiado pela ganância, raiva, ignorância e vários outros sentimentos e padrões negativos. Felizmente, o estágio daquele que "entra no rio" também traz uma confiança e dedicação inabaláveis para com o caminho espiritual budista; por isso, você é motivado a continuar se aprofundando e refinando sua realização.

» **Aquele que retorna uma vez:** Após se tornar aquele que "entra no rio", sua prática inclui lembrar-se de sua nova realização do "não-eu", bem como prestar atenção às maneiras pelas quais você ainda está apegado e sua resistência à vida, conforme ela se revela. Após um período de tempo (geralmente anos de prática devotada) durante o qual sua concentração fica ainda mais forte e sua mente se torna ainda mais tranquila, você tem outra compreensão direta do não-eu. (Lembre-se: conhecer essa verdade como um conceito ou memória é uma coisa, mas experenciá-la diretamente, além da mente concei-tual, é outra coisa, completamente diferente.)

Essa compreensão (essencialmente a mesma que a primeira, mas ainda mais forte e clara) traz uma redução significativa do apego e da aversão e do sofrimento que acompanham esses estados mentais. Por exemplo: uma irritação e preferência ocasionais substituem o ódio e a ganância, que não mais influenciam aquele que retorna uma vez. Alguém que alcança esse estágio tem apenas mais um renascimento antes de se tornar completamente iluminado — daí o nome aquele que *retorna uma vez*.

» **Aquele que não retorna:** Após a experiência que sinaliza a entrada para esse estágio, todos os piores obstáculos, como ódio, ganância, inveja e ignorância, se extinguem, mas um pouco da noção de eu ainda permanece — e com isso, um leve traço de inquietação e insatisfação também permanece. A experiência, em si, raramente é acompanhada por alguma emoção ou motivação, apenas um reconhecimento mais claro daquilo que já foi visto duas vezes, antes. Essas pessoas parecem estar extremamente contentes, em paz e sem desejos, apresentando apenas uma sutil preferência por experiências positivas do que por experiências negativas.

» **Arhat:** Nesse estágio, o caminho apresenta seu fruto principal no nirvana — qualquer traço residual de um eu separado se extingue de vez. A experiência, geralmente acompanhada de um êxtase inimaginável, já foi comparada a cair nas profundezas de uma nuvem e desaparecer nela. Nesse ponto, as circunstâncias da vida não o influenciam mais; experiências positivas — ou negativas — não causam mais nem mesmo o mínimo desejo ou insatisfação. Como Buda disse, tudo o que precisava ser feito, foi feito. Não há nada mais para ser realizado. O caminho está completo, e renascimentos adicionais não são necessários.

Compreendendo a Pureza Essencial da Mente na Tradição Vajrayana

LEMBRE-SE

A tradição Vajrayana (ou tântrica) do Budismo, que começou na Índia e floresceu no Tibete, detém o entendimento básico do não-eu e se expande a partir dele. Após olhar profundamente dentro do seu coração e da sua mente e descobrir a verdade do não-eu, você, naturalmente, se abre a uma percepção mais profunda sobre a natureza da mente (ou consciência), que é pura, ampla, luminosa, clara, não localizável, inalcançável, ciente e, essencialmente, não dualista.

"Não dualista", simplesmente, significa que sujeito e objeto, matéria e espírito "não são dois" — ou seja, são diferentes em um nível cotidiano, mas são um — e inseparáveis — no nível de sua essência. Por exemplo: você e o livro que vê à sua frente são diferentes de maneiras óbvias, mas são, essencialmente, expressões de um todo inseparável.

Agora não espere que nós expressemos essa unicidade em palavras que a mente pode entender, embora místicos e poetas tenham tentado seu melhor durante milhares de anos. Se quiser saber mais, pode ser necessário investigar por conta própria.

Não apenas a natureza da mente é inatamente pura, radiante e ciente, mas ela também se manifesta, espontaneamente, em cada momento — como uma ação de compaixão para o benefício de todos os seres. Embora o pensamento conceitual não possa entender a natureza da mente, essa (assim como o não-eu) pode ser percebida por meio da meditação. Como? Através de uma série de experiências cada vez mais profundas, que culminam na completa realização — ou estado de Buda.

No Vajrayana, o caminho para a iluminação completa começa com o extenso cultivo de qualidades positivas, como a bondade amorosa e a compaixão, e depois progride para o desenvolvimento de vários níveis de compreensão sobre a natureza da mente. Os praticantes aprendem a se visualizar como a encarnação da própria iluminação e passam a meditar sobre seu despertar inerente, ou natureza de Buda. (Para saber mais sobre o caminho Vajrayana, veja o Capítulo 5.)

Tomando a abordagem direta à realização

Além das práticas de visualização, o Vajrayana oferece uma rota mais direta à iluminação, conhecida como, *Dzogchen-Mahamudra*, considerado o ensinamento mais elevado da tradição tibetana. Dzogchen significa "grande perfeição", em tibetano; Mahamudra é um termo sânscrito para "grande selo". Ambos os termos se referem à compreensão de que tudo é perfeito da maneira como é.

Essas duas abordagens evoluíram de forma distinta, por meio de duas escolas diferentes, mas representam, hoje, expressões ligeiramente distintas da mesma percepção não dualista. Tradicionalmente, apenas praticantes que concluíam anos de prática preliminar se qualificavam para aprender sobre o Dzogchen-Mahamudra, mas, hoje em dia, no Ocidente, qualquer pessoa que seja sincera e motivada o suficiente para participar de um retiro pode explorar essa abordagem, voltada à iluminação.

LEMBRE-SE

No Dzogchen, os mestres oferecem aos seus alunos uma introdução direta sobre a natureza da mente, conhecida como *instruções de indicação*. Os alunos, então, tentam estabilizar essa percepção em seus momentos de meditação e no seu dia a dia. O objetivo é incorporar essa percepção sem que haja interrupção, até que a separação entre meditação e não meditação acabe e a mente esteja conscientemente desperta para sua própria natureza inerente, em cada situação. No Mahamudra, os praticantes, primeiramente, aprendem a acalmar a mente para que possam fazer uso desta calma como base para investigar, de forma mais profunda, a sua natureza. Quando a mente reconhece sua própria natureza, os praticantes descansam, aproveitando, ao máximo possível, desse estágio. (Não peça que expliquemos o que envolve esse "descanso" — assim como muitos aspectos neste capítulo, o conceito escapa às palavras.) Embora a abordagem do Dzogchen-Mahamudra possa ser considerada direta, dominá-la é extremamente difícil e pode demorar toda uma vida — no mínimo.

Entendendo a iluminação completa de um Buda

A tradição Theravada considera o objetivo final da prática espiritual, exemplificado pelo arhat, como eminentemente atingível nesta vida, por qualquer praticante sincero. Na época do Buda histórico, inúmeros discípulos alcançaram a realização completa e foram reconhecidos como arhats, o que significava que sua percepção do não-eu era, essencialmente, a mesma de Buda.

Na tradição Vajrayana, por contraste, a realização do estado de Buda parece ser altamente ideal. Os seres completamente iluminados experimentam o fim de todo desejo e de outras emoções negativas, mas essas pessoas também exibem "dez milhões" de qualidades benéficas, incluindo amor e compaixão ilimitados, sabedoria infinita e onipresente, atividade iluminada incessante para o bem-estar de todos os seres, e a capacidade de acelerar os outros em seu caminho à iluminação. E os corpos dos seres completamente iluminados exibem 32 marcas maiores e 80 menores do Buda, características que são reconhecidas em toda a Ásia budista.

É desnecessário dizer que muitos dos fiéis (especialmente nos níveis iniciais de prática) podem ver tal estágio avançado de realização como um sonho distante e inalcançável. Esse sentimento pode surgir com base em muitas histórias inspiradoras de sábios excepcionais que meditam durante anos em cavernas nas montanhas e que alcançam não apenas um esclarecimento tão puro de mente — como diamante e uma compaixão inexaurível, como também inúmeros poderes sobre-humanos.

Ainda assim, dedicados praticantes Vajrayana, gradualmente, veem seus esforços os levarem a uma maior compaixão, clareza, tranquilidade e destemor e a um reconhecimento mais profundo e mais duradouro sobre a natureza da mente. De fato, a tradição Vajrayana promete que todos têm o potencial para alcançar o estado de Buda nesta vida, usando os poderosos métodos que ela oferece. (Para saber mais sobre as práticas Vajrayana, veja o Capítulo 5.)

Definindo o Nirvana em Termos do Zen

O Zen é repleto de histórias de grandes mestres que comparam sua iluminação à de Shakyamuni e falam dele como se ele fosse um velho amigo e colega. Ao mesmo tempo, a iluminação (embora indefinível) é considerada como a percepção mais comum daquilo que sempre foi de uma determinada maneira. Por esse motivo, os monges, em muitos contos Zen, começam a rir quando finalmente "a alcançam". Os praticantes Zen despertos são conhecidos por seu envolvimento prático em todas as atividades e por não exibirem nenhum traço de algum estado especial chamado "realização".

Voltando-se para a transmissão direta, de mestre para discípulo

O relato mais claro sobre a atitude Zen em relação à iluminação pode ser encontrado nesse famoso verso do mestre chinês Linji (japonês: Rinzai):

Uma transmissão especial que não consta nas escrituras,

Que não depende de palavras e letras.

Apontando diretamente para a mente humana,

Veja a natureza verdadeira, torne-se Buda.

O verso estabelece diversos pontos importantes, que a lista a seguir analisa:

» **Transmissão especial que não consta nas escrituras:** A linhagem Zen deriva-se de Mahakashyapa, um dos principais discípulos de Buda, que aparentemente recebeu a transmissão diretamente da "essência da mente" de seu mestre aceitando uma flor com um sorriso silencioso (veja o Capítulo 5 para mais informações). Desde então, os mestres "transmitem" diretamente sua mente iluminada aos discípulos, não por meio de textos escritos, mas por meio de ensinamentos secretos passados de uma mente a outra (ou, como o primeiro mestre Zen de Stephan gostava de dizer, "de uma mão acolhedora a outra"). Mas a verdade é que a iluminação em si não é transmitida; ela tem que explodir novamente em chamas em cada geração. O mestre meramente reconhece e certifica o despertar.

» **Apontando diretamente para a mente humana:** O mestre não explica a verdade abstrata intelectualmente. Em vez disso, ele aponta a atenção de seus discípulos para o regresso à sua natureza verdadeira inata, que é onipresente, mas geralmente não reconhecida. Com a orientação do mestre, o discípulo desperta e percebe que ele não é esse eu separado e limitado, mas é, na verdade, a própria consciência pura, ampla, misteriosa e inexplicável — também conhecida como natureza de Buda ou "grande mente".

> **Veja a natureza verdadeira, torne-se Buda:** Tendo realizado a natureza verdadeira, o discípulo, agora, enxerga com os olhos de Buda — e está no lugar de Buda. Não há uma distância no espaço e no tempo que separe a mente de Shakyamuni e a mente do discípulo. Ilustrando esse ponto, alguma versão da passagem a seguir aparece, repetidamente, nos antigos contos de ensinamento: "Não há um Buda que não a Mente, e não há uma Mente que não Buda."

Descobrindo as Bases Comuns na Iluminação Budista

A experiência da iluminação, embora descrita de maneira ligeiramente diferente e abordada por meios um tanto diversos, possui notáveis semelhanças de uma tradição para a outra.

> **A iluminação sinaliza consistentemente o fim da ilusão da separação.** (Observe que dissemos *ilusão*, pois o Budismo ensina que, em vez de acabar com a separação, você desperta para o fato de que ela nunca chegou a existir.) Quando você é iluminado, você não mais se identifica como uma pessoa distinta e isolada dentro de seu corpo ou de sua cabeça confrontada por um mundo de objetos e outras pessoas, separados. Em vez disso, você vê a realidade como um todo contínuo e interdependente — independentemente de essa realidade consistir do não-eu, do vazio, da natureza verdadeira, da mente, da consciência ou do fluxo em constante mudança dos fenômenos. Em um nível relativo, é claro, você ainda sabe a diferença entre seu corpo e o corpo do seu vizinho, ainda esquece as chaves dentro do carro no pior momento possível, paga as contas (ou se esquece de pagá-las) e dá um beijo de boa noite em seus filhos (não nos de outra pessoa).

» Em todas as tradições, a iluminação também leva, inevitavelmente, ao fim de toda ganância, raiva, ignorância e medo e ao nascimento da paz, alegria, bondade amorosa e à compaixão, inabaláveis e indescritíveis pelos outros.
Embora essas qualidades positivas do coração possam parecer ser mais enfatizadas na tradição Mahayana (enquanto a Theravada parece enfatizar a eliminação das qualidades negativas), elas são, definitivamente, as expressões naturais da visão iluminada que surge no momento da realização completa — seja ela na décima figura da manada de bois do Zen, no estado de Buda pleno do Vajrayana, ou no nirvana do Theravada. (É claro que ambas as tradições — Theravada e Mahayana — encorajam ativamente o cultivo da compaixão e de outras qualidades amorosas; veja o Capítulo 14.)

LEMBRE-SE

» A iluminação, em todas as tradições, envolve estar plenamente no mundo, mas não pertencer a ele.
(Observe que algumas pessoas iluminadas, como os monges que moram nas florestas, "pertencem" menos ao mundo do que os outros.) Você nunca mais poderá levar o jogo da vida a sério. Você enxergou através da aparente solidez e importância da existência material e de suas preocupações, e você não se vê mais envolvido nelas, pois compreende claramente a natureza vazia — ou insubstancial, impermanente ou inatamente perfeita — de tudo o que ocorre. Assim como o bodhisattva na décima figura da manada de bois, você se move pela vida com um sorriso no rosto e com o coração repleto de amor, oferecendo ajuda quando é necessário e inspirando a felicidade e a liberdade para onde quer que vá.

Capítulo **11**

Uma Questão de Vida e Morte

Logo após o início do terceiro jogo do campeonato World Series, de 1989, entre o Oakland Athletics e o San Francisco Giants, um forte terremoto atingiu a região de Bay Area. Jon morava ao norte de Santa Cruz na época, a cerca de dezesseis quilômetros do epicentro, e testemunhou em primeira mão o estrago que o tremor causou. Felizmente, considerando a grande população da área, poucas vidas foram perdidas; entretanto, foi preciso pouco tempo — cerca de 15 segundos —, para o evento deixar milhões de pessoas frente a frente com a fragilidade de suas vidas e a revolta emocional permanecer por um longo tempo.

O evento fez com que muitas pessoas questionassem algumas de suas suposições básicas sobre o que realmente é importante na vida. Conversas até mesmo entre estranhos rapidamente tratavam de questões espirituais. A procura por cursos de meditação na área aumentou drasticamente — e permaneceu alta durante muitos meses após o terremoto. O evento pareceu ter abalado as pessoas de várias maneiras.

Uma confrontação mais próxima com a morte — seja por meio de um desastre natural, uma doença grave ou algum outro evento apresentando risco à vida — geralmente leva as pessoas a reavaliarem e, por fim, mudarem suas vidas. O fundador do Budismo, Shakyamuni Buda, começou sua jornada espiritual quando se deparou pela primeira vez com um corpo, enquanto explorava o mundo fora de seus palácios prazerosos (veja o Capítulo 3). Neste capítulo, concentramo-nos nos ensinamentos de Buda sobre a morte, mas não se preocupe se o tópico parecer deprimente. Nossa intenção é mostrar como a profunda apreciação de sua própria mortalidade pode motivá-lo a se tornar espiritualmente engajado, além de você perceber como a morte, em si, é uma poderosa mestra.

Levando a Morte para o Lado Pessoal

Você precisa de uma série de elementos para permanecer vivo —, como uma fonte regular de comida e bebida, roupas, um abrigo adequado e cuidados médicos ao adoecer. Mas como os mestres budistas gostam de dizer: "Não é necessário muito para morrer — você simplesmente precisa expirar e não voltar a inspirar."

Se você ficar sem respirar durante alguns minutos, logo partirá "dessa para uma melhor". A morte não é algo remoto ou incomum, é a única coisa que, definitivamente, vai acontecer a você. Assim como diz o velho ditado, duas coisas são certas na vida — a morte e os impostos.

Contudo, há uma grande diferença entre um mero entendimento intelectual de que a morte é inevitável e uma apreciação sincera de que essa realidade se aplica a você pessoalmente. Por exemplo, se você fizesse uma pesquisa com uma determinada quantidade de adolescentes e lhes perguntasse: "Você acha que vai morrer algum dia?" todos responderiam que sim. Mas se examinasse a maneira como muitos deles vivem, provavelmente concluiria que os adolescentes acham que são imortais. Pense nos riscos pelos quais alguns (observe que dissemos *alguns*) adolescentes passam rotineiramente: consumo descontrolado de bebidas, direção descuidada, esportes radicais e sexo sem proteção — apenas para mencionar alguns. Apesar do que eles possam dizer, alguns adolescentes parecem pensar que a morte acontece apenas com as outras pessoas.

LEMBRE-SE

Não estamos perseguindo os adolescentes; estamos apenas usando-os como um exemplo um tanto óbvio. O fato é que a maioria das pessoas vive suas vidas como se nunca fosse morrer. Elas apenas confrontam a inevitabilidade da própria mortalidade quando encaram a morte de um ente querido ou uma doença que ameaça a própria vida. E depois de o evento passar, a janela sobre a realidade, que de repente se abriu tão rapidamente, se fecha, e eles voltam a esquecer-se da morte — pelo menos durante aquele momento.

O Budismo sempre considerou a morte como um dos mestres mais poderosos, mas isso não o torna uma religião triste ou de negação à vida. O Budismo simplesmente reconhece que a morte tem uma capacidade única de forçá-lo a olhar profundamente dentro de seu próprio coração e mente e reconhecer o que realmente importa. Essa contemplação profunda da morte de fato incentiva sua vivacidade vibrante e autoconsciência, contribuindo para que você mude sua vida de maneira significativa.

Reconhecendo Sua Vida como uma Oportunidade Rara e Preciosa

Para contemplar a morte — ou qualquer tópico do dharma —, comece exatamente de onde você está nesse momento. Observe sua situação atual. Nós provavelmente não precisamos destacar que você é um ser humano (a menos, é claro, que esteja lendo essa frase em uma livraria em Marte).

Embora sua condição de ser humano seja óbvia, você a pode subestimar — ou simplesmente descartar, como se fosse insignificante. Qual é o problema com essas opções? Do ponto de vista budista, como ser humano você está, singularmente, em situação de realizar o objetivo primordial do treinamento espiritual — a libertação completa do sofrimento e da insatisfação, resultando em uma vida de felicidade duradoura e compaixão ilimitada pelos outros (veja o Capítulo 14 para uma descrição desse modo de vida plenamente compassivo).

Como um ser humano com o interesse e a capacidade de voltar sua mente para a *prática do dharma* (treinamento espiritual), você tem a capacidade de alcançar esse objetivo. Mas esta é a questão: Você escolherá essa direção para sua vida? Sua breve existência chegará a um fim rápido demais e, se não escolher sabiamente, você estará jogando fora uma oportunidade rara e preciosa de fazer algo valioso com o tempo que lhe resta.

Por que chamamos nossa existência de "oportunidade rara e preciosa?" Com seis bilhões de pessoas vivendo nesse planeta e mais pessoas nascendo a todo minuto, você pode não achar que ser humano é, particularmente, raro. Mas pare e considere o número de criaturas em um pequeno jardim ou em uma lagoa próxima — ou em uma clareira em uma floresta tropical. Para cada ser humano, milhões de outras criaturas de todas as descrições habitam a Terra. E, entre todos esses tipos diferentes de formas de vida, quantas espécies, de fato, têm a autoconsciência necessária para fazer algo verdadeiramente significativo com suas vidas?

Mesmo entre seus irmãos e irmãs de duas pernas, não muitas pessoas possuem as circunstâncias de vida, interesses, motivação ou o potencial inato de suportar o crescimento interno, ou o despertar espiritual (veja o Capítulo 10 para saber mais sobre o que significa despertar espiritualmente). Muitas pessoas crescem em ambientes tão instáveis, empobrecidos ou violentos que qualquer coisa além da mera sobrevivência é um luxo a que não se podem dar. Outras vivem em áreas tão remotas ou sob regimes tão repressivos que não têm a oportunidade de ouvir ensinamentos espirituais válidos, muito menos de os praticar. E algumas pessoas simplesmente não têm a inteligência ou inclinação para buscar esclarecimento espiritual.

Em contrapartida, você tem tempo, energia, interesse e liberdade para apanhar este livro e ler sobre o Budismo. Você, provavelmente, possui até mesmo as circunstâncias de vida que lhe permitiriam estudar e praticar o dharma em seu tempo livre. Comparado com bilhões de outros seres, você tem uma oportunidade única. Pode até mesmo considerá-la uma "oportunidade rara e preciosa". Agora você tem que decidir o que fazer com ela.

Encarando a Realidade: A Meditação da Morte em Nove Partes

LEMBRE-SE

O Budismo ensina que, se você vai se beneficiar plenamente dessa oportunidade preciosa de fazer algo significativo com sua existência, deve manter a ideia de que a morte é algo real, é uma certeza. Mantenha essa realidade em sua mente como lembrete e motivação constantes. Do contrário, quando chegar ao fim de sua vida, você pode se arrepender de ter gastado seu tempo em buscas triviais.

DICA

A seguinte meditação da morte, constituída de nove partes, adaptada da tradição Vajrayana (veja o Capítulo 5), tem o objetivo de ajudar os praticantes a aproveitarem ao máximo suas vidas e evitarem o arrependimento e o pânico que podem surgir se morrerem sem o preparo adequado para o inevitável. A meditação é feita para alunos dedicados do dharma, mas pode ser bom lê-la por completo para que se tenha uma ideia geral daquilo que a abordagem envolve. Então, se quiser continuar, poderá examinar com mais detalhes cada seção, tecendo uma comparação de cada uma delas com a própria experiência e contemplando, profundamente, as verdades interiores.

Se decidir seguir a meditação mais a fundo, poderá colocar seu novo entendimento e convicção no foco de sua atenção exclusiva (conforme explicado no Capítulo 7) e integrar esse entendimento mais profundo à sua vida. Então, a prática da meditação não continuará sendo um mero exercício intelectual, mas afetará, de fato, a maneira como você vive e virá a morrer.

Entendendo que sua morte é definitiva

Você, primeiramente, tem que encarar os fatos concretos: sua morte é uma certeza. Você não pode a contornar. Você definitivamente vai morrer. Para reforçar essa percepção, considere o seguinte:

» **Você não pode fazer nada para impedir o inevitável.** Nada que você — ou outra pessoa — fizer pode evitar que a morte aconteça. Independentemente de você se cuidar, de se tornar famoso ou de para onde decidir viajar, isso não faz diferença alguma no final: a morte o encontrará. Pense nas milhões e milhões de pessoas que estavam vivas há 120 anos. Nenhuma delas ainda vive; por que a morte não faria uma visita a você também?

» **Seu tempo de vida está sempre diminuindo.** Cada vez que o ponteiro do relógio anda e, a cada batida do seu coração, o tempo que lhe resta de vida fica mais curto. Quando um homem condenado é levado para sua execução, cada passo que ele toma o deixa mais próximo de seu fim; o tempo está levando você, invariavelmente, para a mesma direção.

» **Você vai morrer, independentemente de ter feito algo que valha a pena nesta vida.** Mesmo se praticar o dharma ensinado por Shakyamuni Buda, você não tem garantias de que chegará muito longe na sua prática antes de bater o cartão no céu. A morte não diz: "Ah, tudo bem, espero você terminar o que está fazendo. Não se preocupe; volto mais tarde." Do mesmo modo, você não pode mandar a morte ir embora nem apagar as luzes e fingir que não está em casa se não se sentir pronto para ela (é claro que seria bom se desse para fazer isso).

Após considerar todas as maneiras por meio das quais sua morte é certa — oferecendo uma maior compreensão a partir da própria experiência e entendimento — bata o pé e decida que você *definitivamente* deve fazer algo para se proteger do sofrimento tanto agora quanto no futuro. Esse "algo" é a prática do dharma, seguir o caminho espiritual.

LEMBRE-SE

Essa meditação sobre a morte, embora pareça severa, não tem a intenção de o deprimir. Seu propósito é o mobilizar e motivar a buscar a libertação do sofrimento agora, em vez de em algum ponto aleatório do futuro. Em outras palavras, pode-se dizer que a meditação sobre a morte tem a intenção de deixá-lo sóbrio (sem o banho frio nem o café preto forte) e abrir seus olhos para a simples verdade: nada é eterno e o corpo (carne) também virará pó um dia.

Percebendo que o momento de sua morte é incerto

Quando você aceitar plenamente que sua morte é definitiva, poderá se voltar à segunda das três principais considerações na meditação sobre a consciência da morte: o exato *momento* de sua morte é o mais incerto:

» **O tempo de vida humano não é fixo.** Embora os estatísticos calculem o tempo de vida médio para um homem ou mulher que vive em um país específico, você não tem garantia de que viverá até essa idade (e algumas pessoas podem até mesmo não querer viver até tal idade). Jovens podem morrer antes dos mais velhos, e pessoas saudáveis podem morrer antes de pessoas que estão doentes. Acontece o tempo todo. Você pode preparar um prato delicioso, mas pode não viver para o saborear; pode começar uma jornada interessante, mas pode não viver para a concluir.

> **» Muitos fatores contribuem para sua morte.** Abra uma apostila médica e leia a longa lista de doenças fatais. Abra um jornal e leia sobre todas as maneiras como as pessoas perdem suas vidas. Existem muitas ameaças reais à sua vida, mas você tem, relativamente, poucas maneiras de se proteger. Até mesmo algumas das coisas que são feitas para melhorar sua vida podem fazer com que a cortina do ato final se feche. Você precisa de comida para se manter saudável, mas milhares de pessoas morrem engasgadas todos os anos enquanto estão comendo. Tirar férias, supostamente, serve para descansar e relaxar, mas milhares de pessoas morrem todos os anos em acidentes durante suas férias.

> **» Seu corpo é frágil.** Só porque você é forte e saudável não significa que precise de muito para o matar. Algo tão pequeno quanto uma alfinetada pode levar à infecção, doença e morte — tudo em um tempo muito curto. Os jornais estão repletos de histórias de pessoas que, aparentemente, estavam saudáveis em um dia e mortas no outro.

Usando a consciência da morte como sua aliada espiritual

Finalmente, considere aquilo que você poderia usar no momento inevitável de sua morte:

> **» A riqueza não o ajuda.** Muitas pessoas gastam quase todo seu tempo e energia para acumular o máximo de dinheiro e posses que puderem. Mas toda a riqueza do mundo não pode comprar uma saída para a morte. ("Ah, morte, por que você não pega meu cartão de crédito e vai comprar alguma coisa bonita para você?" não funciona. Sinto muito.) Rico ou pobre, todos devem encarar isso. Além disso, não importa quantas posses materiais você tenha adquirido, não poderá levar nem ao menos a menor partícula com você. Na verdade, o apego aos seus pertences torna a partida, na hora da morte, algo mais difícil.

» **Amigos e parentes não o ajudam.** Você pode ser a pessoa mais famosa ou popular do mundo. Um exército de pessoas que gostam de você pode cercar seu leito de morte. Mas nenhuma delas pode protegê-lo da morte ou acompanhá-lo em sua jornada final. Seu apego aos seus amigos (assim como às suas posses materiais) pode apenas tornar a partida e a morte pacíficas mais difíceis.

» **Até mesmo seu corpo não o ajuda.** Durante toda a sua vida, você mimou seu corpo, vestindo e alimentando-o, além de cuidar dele de todas as maneiras possíveis. Mas, conforme a morte aproxima-se, seu corpo, em vez de ser útil a você, pode, facilmente, provar ser seu adversário. Mesmo se você tiver uma prática espiritual, a dor a que seu corpo moribundo o submete pode fazer com que seja extremamente difícil que você concentre sua mente naquilo que tem a fazer.

LEMBRE-SE

Todas essas considerações apontam para a conclusão inevitável de que apenas a prática do dharma (independentemente do que isso signifique para você) pode apoiá-lo no momento de sua morte A morte, geralmente é considerada como um momento de praticar o dharma de maneira mais focada e contínua possível, sem distração.

Capítulo **12**

Recompondo-se Karmicamente

Um dos amigos mais próximos de Jon está profundamente envolvido em estudos budistas há mais de 30 anos, mas pode-se dizer que seu primeiro encontro com o tema aconteceu quase que por acidente. Ele estava se formando em química na faculdade quando decidiu que tubos de ensaio e bicos de Bunsen não tinham mais a ver com ele. Inseguro quanto à sua carreira, abriu o catálogo de cursos da faculdade para tentar preencher seu horário de aulas, e ali listada, após química, encontrava-se a matéria "estudos chineses". O título o intrigou, por isso ele decidiu dar-se uma chance. Uma coisa levou à outra e, hoje, ele é uma "autoridade", com muitos livros publicados sobre Budismo.

A maioria das pessoas que ficam interessadas no Budismo não se aproxima do tema de uma maneira tão ao acaso, como o ocorrido nessa história. E entre essas pessoas que, de fato, mostram curiosidade, apenas um número relativamente pequeno leva seu interesse ao ponto de adotar o Budismo como estilo de vida (veja o Capítulo 6 para saber mais sobre as diferentes maneiras como você pode abordar o Budismo). Mas, mesmo se tiver apenas um interesse casual no Budismo, pode ser que você queira entender seus princípios básicos. Neste Capítulo, discutimos um dos princípios mais fundamentais da prática budista — ser cuidadoso quanto às suas ações, palavras e pensamentos. Ou, para colocar de outra maneira, tomar cuidado com seu karma.

Apreciando a Lei Kármica de Causa e Efeito

O Budismo ensina que você é responsável por sua própria vida — independentemente de estar feliz ou triste, de se encontrar em uma situação agradável ou dolorosa, e assim por diante. Basicamente, só depende de você. É possível descobrir como regular sua experiência de vida e seu comportamento hoje pode, de fato, moldar suas circunstâncias de vida futura.

LEMBRE-SE

Os budistas acreditam que, quando você se comporta de uma determinada maneira e com uma determinada intenção, certos resultados acompanharão essa ação. Especificamente, se você age com compaixão, de uma maneira benéfica, ocasionada por motivações positivas, os resultados que experimentará serão prazerosos. Mas, se por outro lado, seu comportamento for prejudicial, ou simplesmente destrutivo, esse mal voltará para você no futuro. Esse padrão é chamado de lei *kármica* de *causa e efeito*.

O karma é semelhante a outros tipos de relacionamentos de causa e efeito, como o relacionamento entre uma semente e um broto. Os mestres budistas falam sobre plantar as sementes do karma e experimentar os resultados (ou efeitos) futuros, em termos do fruto dessas sementes kármicas.

Contudo, de acordo com o Budismo, as intenções que levam às ações são mais importantes do que elas. Se você acidentalmente esmagar um inseto, não acarretará nenhuma consequência, ou uma consequência kármica mínima a si mesmo, pois você não viu o inseto e, portanto, não teve a intenção de o machucar. Mas se você esmagar um inseto deliberadamente, com raiva ou malícia, experimentará as consequências kármicas justas.

LEMBRE-SE

Não estamos nos referindo a recompensas e punições quando falamos sobre o karma. Você não vai se tornar mau se deixar de declarar seus impostos ou bom se ajudar uma velhinha a atravessar a rua. A lei do karma não carrega esse tipo de bagagem de julgamento; ela é muito mais prática e realista. O ponto é simples: se agir com má-fé, experimentará a má-fé no futuro. Se agir com amor, experimentará o amor, em troca. Ou, para continuar com a metáfora das sementes: "Você colherá aquilo que plantar."

Experimentando as Consequências Kármicas

Embora a ideia básica do karma seja simples — causas positivas levam a efeitos positivos; causas negativas, a efeitos negativos — o karma, em si, é um tanto complexo.

LEMBRE-SE

Em primeiro lugar, o karma pode se desenvolver (ou amadurecer) de uma série de maneiras diferentes. Por exemplo: considere uma ação extremamente negativa, como assassinar alguém brutal e violentamente. Se você não se purificar dessa negatividade poderosa — em outras palavras, se não purificar esse karma —, vivenciará seus resultados de alguma — ou de todas — as maneiras seguintes:

> » Nesta vida, poderá passar por emoções dolorosas e turbulentas, como culpa, terror e raiva. E, devido à negatividade que você projeta, provavelmente será vítima, por si próprio, de um ato violento.

- » Após essa vida, você pode renascer em um reino repleto de sofrimento extremo.

- » Quando você nascer como ser humano novamente, poderá ter uma vida curta, repleta de doenças e outras dificuldades.

- » Em sua vida futura como ser humano, seu meio não incentivará uma boa saúde. Por exemplo: os alimentos não o nutrirão e os remédios não terão o poder de curar as doenças.

- » Até mesmo enquanto criança, em uma vida futura, você poderá exibir uma natureza sádica — sentindo prazer em matar pequenos animais, por exemplo. Com esse tipo de predisposição negativa para machucar os outros, você continuará a plantar as sementes para ainda mais sofrimento no futuro. Entre todos os resultados do karma negativo, esse é o pior, pois apenas perpetua a tristeza para si mesmo e os outros.

Outro motivo pelo qual pode ser difícil entender o karma é o intervalo de tempo entre a causa e seu efeito. Esse intervalo é o motivo pelo qual pessoas cruéis e corruptas podem ter sucesso (pelo menos temporariamente) enquanto as compassivas e éticas podem sofrer. Uma quantidade enorme de tempo pode se passar entre sua ação (trair alguém) e a reação que você experimenta (alguém trair você).

A mesma ideia se aplica a ações positivas; os resultados podem demorar muito tempo para aparecer. Muito embora alguns efeitos kármicos amadureçam rapidamente, você não experimentará a maioria dos resultados durante uma ou mais vidas! Isso é que é esperar (e esperar) que alguma coisa aconteça. Assim como um mestre budista gosta de dizer, se suas próprias costas começassem a quebrar assim que você começasse a esmagar um inseto, ninguém teria que o advertir para parar. A ligação entre a causa e o efeito seria óbvia a você, e, naturalmente, isso mudaria seu comportamento. Infelizmente, a lei do karma não necessariamente oferece tal resposta imediata.

Explorando os Preceitos Budistas

Os ensinamentos de Buda sobre o karma são amplos, e levaria muito tempo para lê-los integralmente. Felizmente, várias tradições resumiram os conselhos — de diferentes formas — ao longo dos séculos, assim como o fizemos, nas listas de preceitos a seguir. Os cinco preceitos básicos recitados por leigos em todo o mundo budista são provavelmente os mais simples e universais, pelos quais se deve começar:

>> Não matar.

>> Não roubar.

>> Não manter uma má conduta sexual.

>> Não mentir.

>> Não usar substâncias tóxicas.

Diferentes tradições aprimoraram esses cinco preceitos à sua maneira. Por exemplo, na tradição Theravada, os noviços em um monastério primeiramente recebem oito preceitos (com o voto leigo de não manter uma conduta sexual desregrada sendo alterado para o voto monástico do celibato) e, posteriormente, recebem os cinco preceitos a seguir:

>> Não comer após o meio-dia.

>> Não cantar, dançar, ouvir música ou ter qualquer outro tipo de entretenimento.

>> Não usar ornamentos, perfumes ou adornos.

>> Não sentar em uma poltrona luxuosa ou dormir em uma cama luxuosa.

>> Não aceitar nem guardar dinheiro.

No Zen e em determinadas tradições budistas do leste da Ásia, os dez *preceitos graves*, que são seguidos tanto por monges e monjas quanto por leigos, são formados pelos cinco primeiros conceitos universais mais os seguintes:

» Não falar sobre os erros e falhas dos outros.

» Não se elevar à custa dos outros.

» Não ser avarento.

» Não alimentar a raiva.

» Não caluniar as Três Joias do Refúgio (Buda, dharma e sangha).

A cerimônia dos preceitos completos, um tipo de iniciação ao mundo budista, inclui os três *preceitos puros* (não criar o mal, praticar o bem e realizar o bem para os outros), bem como os três refúgios: Buda, dharma e sangha.

Organizando os preceitos por trás das três portas

LEMBRE-SE

Na tradição Vajrayana, os dez preceitos primários, que são bastante semelhantes aos preceitos Zen, são descritos como as dez ações não virtuosas a se evitar caso queira interromper o sofrimento. (As dez ações virtuosas são simplesmente o oposto dessas dez ações não virtuosas.) A tradição Vajrayana organiza essas ações de acordo com as três portas por meio das quais você faz contato com seu mundo:

» **Porta número um.** As três ações do seu corpo:

• Matar

• Roubar

• Má conduta sexual

» **Porta número dois.** As quatro ações ligadas à fala:

- Mentir
- Linguagem maliciosa
- Linguagem grosseira
- Fofoca

» **Porta número três.** As três ações da mente:

- Cobiça
- Malevolência
- Visões erradas

Observando mais profundamente as dez ações não virtuosas

As seções a seguir trazem uma reflexão mais profunda sobre cada uma dessas dez ações não virtuosas. A explicação que damos é amplamente aplicável a todas as tradições budistas.

Matar

LEMBRE-SE

Tirar a vida de outra pessoa acarreta um peso kármico maior do que qualquer outra ação física. Na seção anterior, "Experimentando as Consequências Kármicas", listamos alguns dos sofrimentos que podem resultar do assassinato — especialmente se essa ação for desempenhada de maneira brutal, sob a influência de uma ilusão forte, como a raiva. Embora seja relativamente rara, tal ação violenta é muito mais comum do que a maioria das pessoas gostaria de admitir. Ler o jornal torna esse argumento bastante claro.

Embora matar esteja caracterizado como uma ação física — algo que você faz com seu corpo —, você pode criar o karma negativo de tirar uma vida sem ao menos levantar um dedo. Por exemplo: se você mandar outra pessoa realizar o crime por você, todas as consequências kármicas da ação recairão sobre você. A quantidade de karma adquirida pela pessoa que de fato executou a ordem depende de vários fatores, incluindo a vontade com a qual o crime foi praticado.

LEMBRE-SE

Até mesmo quando o assassinato é intencional, o peso do karma que você cria — e, portanto, o peso das consequências kármicas que experimenta posteriormente — depende, em grande parte, do seu estado de espírito. Quanto mais forte a ilusão que o motiva — como raiva, inveja, e assim por diante — mais pesado será o karma que você coletará. Tirar a vida de alguém com grande relutância, desejando que não tivesse que o fazer, é uma coisa, mas matar alguém por ódio e tirar prazer da tristeza que você causa é algo muito mais sério.

Quem ou o quê você mata também ajuda a determinar a força do karma que cria. Por exemplo; matar um de seus pais é muito mais sério do que matar um estranho qualquer. Uma pessoa não tem inerentemente mais valor do que a outra, mas em relação a você e à sua história kármica particular seus pais ocupam um lugar singularmente importante, pois eles demonstraram uma bondade especial ao lhe oferecer a vida. De maneira semelhante, matar um praticante espiritual altamente evoluído, alguém que pode oferecer maior benefício aos outros, é muito mais grave do que tirar a vida de um inseto.

CUIDADO

Não pense que o Budismo perdoa certos tipos de assassinatos porque o peso kármico de matar pode variar, dependendo das circunstâncias. Não é verdade! Buda ensinava amor e compaixão a todos. O sistema ético que expressou é baseado no mínimo de mal que você pode causar aos outros.

Roubar

Embora o ódio geralmente motive a pessoa a matar, o desejo geralmente a motiva a roubar — ou a tomar o que não foi dado a elas. Para ser culpado por roubar, você deve tomar um objeto de valor que pertence a outra pessoa. Tomar algo que não pertence a ninguém e então fazer uso disso não é considerado roubo, pois ninguém é prejudicado.

O roubo pode ocorrer de maneiras diferentes: você pode entrar em uma casa, roubar uma pessoa com uma arma, ou enganar as pessoas pelo telefone ou internet. Todos os tipos de roubo têm uma coisa em comum: prejudicam os outros e a você mesmo. As pessoas que você rouba perdem seus bens ou posses, e você enfrenta as consequências kármicas de suas ações. Por exemplo, se enganar alguém em um acordo comercial, você pode passar por uma grande dificuldade em encontrar e acumular as necessidades materiais da vida no futuro. Assim como a riqueza é o resultado da prática da generosidade (veja o Capítulo 14), a pobreza é o resultado cármico de ter roubado dos outros no passado — mesmo se o passado corresponder a uma vida anterior.

Assim como acontece quando você mata alguém (e quando realiza todas as outras ações não virtuosas), roubar depende, primordialmente, da sua mente. Eis um exemplo: suponhamos que você visite a casa de seus amigos e, acidentalmente, leve um guarda-chuva para casa, com você. Isso não é roubo. Seus amigos não percebem que o guarda-chuva não está lá, e você não percebe seu engano, por isso, o guarda-chuva fica em seu armário por semanas. Embora você tenha o guarda-chuva em sua casa, você ainda não o roubou. Um dia, você olha no armário e percebe que tem um guarda-chuva que não é seu. Você percebe que ele pertence a seus amigos e decide o devolver, mas não chega a o fazer. Isso ainda não é roubo (embora seja procrastinação). Então, um dia, talvez meses depois, você pensa consigo: "Estou com esse guarda-chuva há tanto tempo, e meus amigos não falaram nada.

Eles obviamente não precisam dele, então vou ficar com ele." No momento em que toma essa decisão de ficar com o que não lhe pertence, você toma o que não lhe foi dado, e é então quando acumula o karma de roubar.

Má conduta sexual

LEMBRE-SE

A má conduta sexual é a última das três ações negativas do corpo (confira a seção "Organizando os preceitos por trás das três portas", anteriormente neste Capítulo, para uma visão geral das categorias), e se refere, primordialmente, ao estupro e ao adultério. Mas, de uma perspectiva mais ampla, também pode se referir a qualquer uso irresponsável da sexualidade (como promiscuidade ou vício sexual, por exemplo). O estupro e outras formas de abuso sexual claramente infligem um grande mal sobre as vítimas — um mal que elas às vezes sentem pelo resto de suas vidas. Os vícios sexuais são, talvez, menos destrutivos, mas geralmente infligem sofrimento emocional às partes envolvidas e roubam do viciado um tempo e energia preciosos que poderiam ser gastos em buscas mais construtivas para a vida.

Estudos recentes mostram que aqueles que cometem abuso sexual, geralmente, foram vítimas de abuso na infância. O abuso sexual é, verdadeiramente, um mal que tende a se perpetuar — e você não precisa ter o entendimento de um Buda para reconhecer essa questão. Mas Buda adicionou algo sobre esse círculo vicioso que não é tão óbvio ao entendimento comum. Os resultados kármicos de cometer violência sexual incluem o fato de que você mesmo ter que passar por isso no futuro. Em outras palavras, embora uma vítima de abuso possa — ou não — se tornar um perpetuador desse comportamento — e a maioria não o faz —, o perpetuador, definitivamente, será vítima em algum momento no futuro, devido às suas transgressões.

O adultério também causa muita dor aos indivíduos, às famílias e à sociedade como um todo. Embora os padrões culturais variem bastante de um país para outro (o que é aceitável em alguns lugares é estritamente proibido em outros), o comportamento sexual entre duas pessoas se torna uma má conduta quando inclui tomar aquilo que não é dado livremente. Se você é infiel ao seu parceiro, ou se é responsável por enfraquecer ou fazer terminar o casamento de outro casal, você pode passar por desarmonia e infidelidade sexual em seus próprios relacionamentos futuros — nesta ou em vidas futuras — como uma consequência kármica desse comportamento ilícito.

Mentir

Mentir significa que você engana alguém propositalmente dizendo algo que sabe não ser verdade. Simplesmente afirmar algo que não seja verdade não significa mentir; você deve ter a intenção de fazer com que alguém acredite que você está dizendo a verdade. As mentiras vão desde as enganações em massa — geralmente perpetuadas pelas propagandas políticas — até as pequenas lorotas e "mentirinhas" ingênuas que você pode contar para sair de situações desconfortáveis. Você não precisa nem dizer algo para se envolver nessa ação negativa; um aceno com a cabeça ou um gesto podem ser tão enganosos quanto palavras falsas.

Um dos principais problemas da mentira é que ela geralmente o força a cobrir seus rastros com ainda mais mentiras. Você logo descobre que elaborou tantas mentiras que não pode mais sustentar sua história, a ponto de ter que passar pela vergonha de ser descoberto. (Você pode reconhecer isso como o enredo por trás de muitas séries da televisão.)

Os resultados da mentira podem ser ainda piores do que um sentimento de vergonha momentânea. Para algumas pessoas, mentir se torna um modo de vida habitual, e elas não conseguem mais distinguir o que é verdade e o que é mentira. É como se elas fossem tomadas pelo próprio engodo. De uma perspectiva kármica, Buda disse que, como consequência da mentira, as pessoas não acreditarão mais em você mesmo quando falar a verdade.

Às vezes, no entanto, você pode se encontrar em uma situação em que dizer a pura verdade não é uma boa ideia. Por exemplo: você sabe que um homem nervoso, que está carregando uma arma, quer matar a pessoa escondida atrás da cortina. Você deveria responder, verdadeiramente, à pergunta dele sobre onde tal pessoa está? É claro que não. Nesse caso, você sabe que uma resposta completamente verdadeira resultará em um assassinato — o que é muito mais sério do que meramente encobrir a verdade — por isso, você pode o enganar sem sofrer as consequências kármicas da mentira. Se você é devotado à prática da compaixão, deve fazer tudo o que pode para impedir que o assassinato aconteça, mas tem de ter certeza que seu motivo para não dizer a verdade é a compaixão por todos os envolvidos — o futuro assassino bem como a suposta vítima. Você não apenas quer salvar uma vida sob essas circunstâncias, como também quer impedir que o homem armado junte mais karma negativo para o futuro.

Linguagem maliciosa

LEMBRE-SE

A linguagem maliciosa se refere ao tipo de coisa que você pode dizer para acabar com uma amizade entre outras pessoas ou para impedir que duas pessoas reatem após terem rompido relações. As pessoas podem ter muitos motivos diferentes para se comportar de tal maneira destrutiva. Por exemplo, se você está com inveja de um relacionamento íntimo, pode tentar sabotá-lo para o próprio ganho pessoal.

Sua fala pode provocar discórdia quer as afirmações que faça sejam verdadeiras ou falsas. Se sua intenção é separar as pessoas ou impedir uma reconciliação, sua fala cai na categoria da discórdia — mesmo se representar a verdade. Um resultado dessa ação negativa é que você vai ter dificuldade de encontrar amigos e companheiros no futuro.

DICA

Existe um caso óbvio em que causar desarmonia entre os outros é considerado adequado — quando essas pessoas estão planejando cometer um crime ou realizar alguma outra ação prejudicial. Se você puder acabar com sua conspiração e impedir que criem problemas para si mesmas e para os outros, você estará agindo com bondade. Mas você deve ter muita clareza quanto às suas intenções.

Linguagem grosseira

LEMBRE-SE

A fala grosseira se refere ao tipo de coisa que você diz quando quer ferir os sentimentos de alguém. Assim como acontece com a fala que provoca discórdia, esses insultos podem ser verdadeiros ou falsos; é sua intenção depreciar, envergonhar ou chatear alguém que torna suas palavras grosseiras. A consequência kármica desse tipo de fala — como você pode imaginar — é que você estará sujeito a insultos no futuro.

Nos Estados Unidos — e talvez em outros lugares —, toda uma tradição de humor parece se basear em insultar os outros. O conceito, por trás dos *celebrity roast* (tipo de evento de comédia ridicularizante), por exemplo, é proferir o máximo de insultos inteligentes ao convidado de honra quanto possível, no tempo mais curto. Esses eventos não têm a intenção de magoar ninguém, e a intenção é que o convidado ria mais alto do que as outras pessoas conforme a provocação continua. Mas ocasionalmente ele leva para o lado pessoal, e as coisas podem ficar "feias" rapidamente.

CUIDADO

Devido ao fato de que as palavras geralmente carregam um peso maior do que o pretendido e podem fazer mais estrago do que você imagina, tome cuidado com o que diz. Após desenvolver o hábito de insultar os outros, controlar sua fala se torna mais difícil. Você pode não estar ciente da agressão dentro de si, mas ela ainda assim confere um poder inesperado às palavras que você pronuncia "só por brincadeira".

Fofoca

LEMBRE-SE

A fofoca é a última das ações negativas da fala. Por sua própria natureza, a fofoca é menos grave do que as outras ações do corpo ou da fala mencionadas nesta seção. O problema, no entanto, é que ela é, de longe, a que oferece uma perda maior de tempo.

A fofoca inclui todos os tipos de fala leviana e pode ser feita sobre qualquer tema. Algumas pessoas se referem a ela como "diarreia da boca" e, assim como a fala grosseira, é um hábito através do qual é fácil entrar e difícil de sair. Se você gastar seu tempo e energia falando sobre coisas sem fundamento, as pessoas acabarão por considerar o que você diz como não sendo importante e pararão de o levar a sério.

Cobiça

LEMBRE-SE

Agora vêm as três ações negativas da mente em si, começando com a cobiça, ou o desejo de possuir aquilo que você não tem. Mesmo se não agir sob esse impulso, o fato de você olhar para as posses dos outros de maneira gananciosa cria dificuldades em sua mente, que começam com a inquietude. Então, quando o desejo de possuir um item específico se torna forte o suficiente, problemas ainda maiores surgem. Por exemplo, se você quiser muito algo, pode ficar tentado a roubar, o que cria consequências kármicas ainda piores.

LEMBRE-SE

A cobiça é um estado de mente descontente e insatisfeito. Energizar esse estado de mente é a expectativa (geralmente não expressa de maneira clara, nem para si mesmo) de que, se você ao menos possuísse aquele item atrativo, finalmente ficaria feliz. Mas, como os ensinamentos budistas repetidamente enfatizam, não é possível obter satisfação correndo atrás dos vários objetos dos sentidos, independentemente de quão atraentes possam parecer (veja o Capítulo 2).

Se você falhar em sua tentativa de adquirir o objeto desejado, vai se sentir insatisfeito. Mas mesmo se tiver sucesso em conseguir o objeto, ele, inevitavelmente, não estará à altura de suas expectativas exageradas. Então, assim como a água salgada, em vez de satisfazer sua sede, o objeto apenas o deixará mais sedento. Dessa maneira, você apenas levará mais e mais descontentamento a si mesmo.

DICA

Devido ao fato de que a cobiça é puramente uma atividade mental, é ainda mais difícil de a controlar, mais ainda do que as ações físicas e verbais que se originam dela. Para combater essa atitude mental destrutiva, é necessário se familiarizar com uma maneira diferente de olhar para as coisas: você tem que aprender a meditar (conforme discutimos no Capítulo 7). Você tem que treinar a si mesmo para reconhecer que as coisas que deseja não são tão permanentes ou tão inerentemente atraentes como imagina que sejam.

Malevolência

Essa atitude mental poderosa está por trás de muitas das coisas que pode fazer — ou dizer — para prejudicar os outros. Nesse estado de mente destrutivo, você tira prazer do infortúnio dos outros, desejando, ativamente, que eles sofram. A malevolência é o exato oposto do amor, que é o desejo de que os outros sejam felizes.

Assim como acontece com a cobiça, controlar esse tipo de intenção prejudicial é mais difícil do que controlar as ações verbais e físicas mais óbvias que surgem dela. Para conseguir manter essa atitude em xeque, você tem que treinar para tornar os outros merecedores de seu respeito, atenção e amor. Em vez de se concentrar em traços que alimentam sua malevolência, familiarize-se com as boas qualidades dos outros — até que seu coração se abra em relação a eles, com compaixão.

DICA

Falando realisticamente, no entanto, às vezes seus sentimentos negativos em relação a alguém são simplesmente muito brutos e poderosos para que você possa se transformar pelo método que acabamos de sugerir — pelo menos por enquanto. Nesse caso, sua melhor opção pode ser simplesmente esquecer a pessoa com a qual está nervoso e voltar sua atenção para o sentimento da malevolência em si. Assim como um cientista examinando uma cobra venenosa, observe essa emoção destrutiva com o máximo de cuidado e objetividade possível. Não seja dominado por ela (não siga suas exigências nem comece a gritar ou lutar), mas também não a tente reprimir. Simplesmente a observe.

Conforme você observa sua malevolência de forma imparcial, descobre que, assim como todos os sentimentos, essa emoção negativa não é tão sólida como primeiramente parecia ser. Assim como "uma onda que se ergue do oceano em um momento e afunda de volta no outro", a malevolência surge em seu coração, dura um curto tempo e depois desaparece novamente. Uma onda semelhante pode se erguer e tomar o lugar da primeira, mas ela inevitavelmente também afundará. Se você puder se distanciar e simplesmente observar esse processo (que é semelhante à técnica da consciência da respiração que explicamos no Capítulo 7), seus sentimentos negativos acabarão por se exaurir.

Visões erradas

Embora você possa ter muitos tipos diferentes de ideias erradas sobre as coisas, as visões erradas sobre as quais falamos aqui têm um significado um tanto específico. Você mantém uma visão errada quando ativamente nega a realidade ou a existência das coisas que são verdade.

Por exemplo, de acordo com o Budismo, as Três Joias de Buda, do dharma e da sangha são guias confiáveis, sobre os quais você pode depositar sua fé e confiança. Além disso, a lei kármica de causa e efeito que detalhamos anteriormente neste Capítulo é verdade: suas ações têm consequências não apenas nesta vida, mas também em vidas futuras. Negar isso é um indício de que você está sob a influência das visões erradas. Nesse contexto, ter uma visão errada não significa duvidar dos ensinamentos budistas sobre o karma, e assim por diante, ou simplesmente não estar familiarizado com eles. Significa alegar, ativamente, que são falsos.

Por exemplo, se você realmente quiser cometer uma determinada ação não virtuosa, como adultério, pode tentar se convencer (e à outra pessoa) de que não há nada de errado com o que pretende fazer. Além disso, você pode acrescentar, ninguém vai descobrir ou sair machucado. Nesse exemplo, o que você realmente está tentando fazer é achar uma desculpa para seu mau comportamento, defendendo uma visão que vai de encontro aos ensinamentos de Buda sobre causa e efeito. Promover visões erradas leva a erros sérios; é por isso que essa ação não virtuosa da mente é tão poderosa.

Lidando com as Transgressões

Buda não revelou o funcionamento da causa e efeito nem identificou ações a serem evitadas para assustar seus discípulos. Seu objetivo era protegê-los do sofrimento indesejado. Afinal, ele não é chamado de Buda da Compaixão à toa. Mas qual é o conselho dele para aquelas pessoas que, apesar desses ensinamentos (ou sem os conhecer), ainda cometem erros?

As diferentes tradições budistas lidam com essa questão de maneiras diferentes, e nós consideramos alguns desses pontos de vista nas seções a seguir — reparando erros e purificando o karma negativo.

Reparando erros

Durante os primeiros anos do ministério de Buda, um de seus muitos discípulos, Shariputra, pediu que Buda formulasse um código de regras para que a comunidade sangha de monges seguisse. (Nós mencionamos apenas monges aqui pois esse incidente específico ocorreu antes de as mulheres serem admitidas na sangha.) Buda respondeu que a sangha não precisava de tal código naquele momento, pois até mesmo os monges menos avançados tinham seus pés firmemente plantados no caminho do despertar espiritual.

Mas conforme a sangha ganhou mais adeptos, as condições mudaram, e um código de conduta surgiu gradualmente, devido a uma série de razões:

» Para ajudar a proteger os monges da influência do apego, do ódio e da ignorância

» Para assegurar a harmonia dentro da própria sangha

» Para preservar as boas relações entre a sangha e a comunidade leiga mais ampla

Essas regras de treinamento monásticas (que compõem o *vinaya*, conforme explicado anteriormente na seção "Seguindo a orientação ética de Buda") não passaram a existir em conjunto. Elas se desenvolveram com o tempo, conforme Buda oferecia orientação em casos individuais (muito parecido com o modo como as leis civis se desenvolvem — conforme uma série de procedências em casos judiciais). Mais de 200 regras acabaram sendo formuladas, e surgiu o costume de realizar uma reunião a cada duas semanas (nos dias de lua nova e lua cheia), durante as quais essas regras eram recitadas em voz alta e monges específicos se apresentavam para reconhecer suas transgressões.

Na tradição Theravada, um monge também pode fazer um reconhecimento a outro, como uma prática diária de confissão. Quanto aos seguidores leigos dessa tradição, quando percebem que transgrediram seus preceitos, podem restabelecê-los — refazendo-os com um monge ou por si próprios em frente a uma imagem de Buda, ou simplesmente criando a intenção na própria mente de renovar e retomar as práticas da vida virtuosa.

LEMBRE-SE

As regras de conduta para monges e monjas listam quatro ofensas graves que levam à expulsão automática da sangha:

» Ter relações sexuais

» Roubar

» Matar um ser humano

» Mentir sobre suas conquistas espirituais

Mas a maioria das regras cobertas pelo código monástico lida com ofensas bem menos sérias, e os ofensores geralmente podem repará-los admitindo, honestamente, suas transgressões. Conforme praticada na tradição Theravada, tal declaração de mal não apaga o karma negativo de ter quebrado a regra, mas de fato fortalece a determinação do indivíduo de evitar quebrar a mesma regra novamente. Além disso, permite que os outros membros da sangha saibam que a pessoa ainda tem a intenção de seguir a maneira de vida monástica da forma mais pura que puder.

Purificando o karma negativo

LEMBRE-SE

Da perspectiva de certas tradições Mahayana (ou Grande Veículo), é possível purificar seu karma negativo — independentemente de seu peso —, embora o fato de você ser um monge ou monja, cometer qualquer uma das quatro ofensas graves mencionadas na seção "Reparando erros" deste Capítulo, ainda fará com que seja expulso da comunidade sangha. (Para saber mais sobre a tradição Mahayana, veja os Capítulos 4 e 5.)

Na tradição Theravada, você consegue purificar o karma negativo praticando uma vida virtuosa e cultivando a compreensão — são os meios gerais para se proteger de experimentar as consequências das ações prejudiciais. No entanto, algumas ações são tão pesadas — como, por exemplo, matar seus pais — que você pode não ser capaz de as purificar completamente. Até mesmo Maudgalyayana — um proeminente discípulo de Buda, conhecido por seus poderes paranormais — teve uma morte terrível como consequência kármica por ter matado sua mãe em uma vida passada.

No Zen, a purificação acontece por meio de um processo de reparação que difere, significativamente, da versão Theravada. Além de admitir ter feito um mal e de admitir não agir daquela maneira novamente, a reparação Zen é entendida como uma oportunidade de limpar a tábua kármica e voltar à pureza primordial de sua natureza original.

Os praticantes do Zen usam o seguinte verso (alterado de uma tradução para outra) na cerimônia de reparação em si e também como um preâmbulo para outras cerimônias importantes para assegurar que se baseiam na pureza da natureza verdadeira:

"Todo karma ruim já cometido por mim desde a antiguidade,
Devido à minha ganância, raiva e ignorância sem origem,

Nascidas de meu corpo, boca e pensamento,
Agora me redimo por tudo."

DICA

Em outras tradições, como na Vajrayana, os praticantes realizam essa purificação aplicando, conscientemente, os *quatro poderes oponentes*:

» **Arrependimento: Sentir remorso pelo mal que você realizou; reconhecendo e admitindo seus erros.** Não confunda essa declaração ou admissão de seus erros aberta e honesta com culpa, que é contraprodutiva. A culpa o prende ao passado, solidificando sua identidade como uma pessoa "má" e dificultando seu progresso para comportamentos mais construtivos.

O arrependimento envolve reconhecer que você cometeu um erro, que é o primeiro passo para o reparar. Em vez de prender-se ao passado, o arrependimento sincero o motiva a cuidar de si mesmo e dos outros mudando seus comportamentos — agora e no futuro.

» **Resolução: Determinação de não repetir a ação destrutiva novamente.** Admitir que você cometeu um erro não é suficiente; você precisa exercer um esforço para não o repetir. A melhor coisa seria fazer um voto de nunca cometer aquela ação prejudicial específica novamente, pelo resto de sua vida.

DICA

Mas você tem que ser realista. Se pensa que manter um voto pela vida toda é impossível, pode tentar seu máximo para não agir de tal maneira novamente durante um período de tempo específico (diversos meses, talvez, ou mesmo nos próximos dias). Ao treinar-se dessa maneira, você acaba juntando força e confiança suficientes para interromper, completamente, a atividade.

» **Confiança: Depender de seu refúgio nas Três Joias e de sua dedicação com os outros para eliminar a negatividade.** Sempre que comete uma ação não virtuosa, você a direciona contra outro ser ou contra o Buda, o dharma e a sangha. Ao confiar nesses mesmos objetos, você pode ajudar a purificar a negatividade em que se envolveu.

Se sua ação for dirigida contra as Três Joias, como mostrar desrespeito a elas (tratando os textos do dharma de forma descuidada, por exemplo), você pode começar a retificar seu erro lembrando-se de suas excelentes qualidades e reafirmando o refúgio que encontra nelas. E se você prejudicou outros seres, lembre-se de sua intenção de compaixão de atingir a iluminação pelo bem deles.

Essas duas confianças — refugiar-se e desenvolver a motivação do bodhichitta compassivo (que discutimos mais ativamente no Capítulo 14) — estão incorporadas na seguinte prece popular:

"Eu peço refúgio, até que esteja iluminado,

A Buda, ao dharma e à assembleia mais alta.

Pelo mérito virtuoso que coleto.

Ao praticar a doação e outras perfeições,

Que eu possa atingir o estado de um Buda para beneficiar todos os seres sensitivos."

» **Antídoto: Realizar ações positivas específicas para contrabalancear a negatividade que criou.** Ações virtuosas específicas se opõem diretamente às dez ações não virtuosas listadas na seção "Observando mais profundamente as dez ações não virtuosas", explicadas anteriormente neste Capítulo. Por exemplo, salvar e proteger as vidas dos outros é o oposto da primeira ação prejudicial — matar. Uma maneira poderosa de neutralizar o mal que você pode ter cometido é fazer algo completamente contrário à negatividade que deseja purificar — agir com amor em vez de ódio, generosidade em vez de avareza, compaixão em vez de malícia, e assim por diante.

> Algumas das atividades geralmente recomendadas para contrabalancear a negatividade incluem:
>
> - Servir aos pobres e necessitados
>
> - Visitar pessoas no hospital
>
> - Salvar vidas de animais (até mesmo minhocas de isca) prestes a serem mortos
>
> - Fazer oferendas a monastérios e outras organizações religiosas
>
> - Recitar passagens de textos tradicionais do dharma (e, melhor ainda, meditar sobre seu significado e colocá-los em prática)
>
> - Desenhar imagens sagradas

Ao seguir o conselho de Buda, você pode se poupar de passar pelas consequências mais sérias de suas ações negativas — pelo menos por enquanto. Mas para se livrar inteiramente das consequências, você deve ir mais fundo, conforme descrevemos no Capítulo 13, que lida com a interrupção do ciclo da insatisfação como um todo.

Capítulo **13**

Libertando-se do Ciclo da Insatisfação

ocê pode não saber muito sobre Budismo (pelo menos até terminar de ler este livro), mas apostamos que já ouviu falar sobre nirvana (não apenas a banda de rock). Esse termo aparece até mesmo em conversas casuais. Por exemplo, as pessoas costumam dizer: "Relaxar com um banho quente no final de um dia difícil: isso é o que chamo de nirvana!"

Mas o que *nirvana* realmente significa? É um sentimento de êxtase que você pode experienciar quando se aprofunda em sua prática de meditação? Ou é um tipo de paraíso budista — como uma recompensa — que espera pelos "bons" budistas quando morrem?

Nenhuma dessas noções é, de fato, correta, mas ao menos ambas passam a ideia de que o nirvana corresponde a algo verdadeiramente maravilhoso — a forma mais elevada do bem, algo que, definitivamente, vale a pena alcançar. O nirvana (geralmente traduzido como "iluminação" ou "libertação") não é um lugar para o qual você vai. É um estado de clareza, paz e alegria extraordinárias que pode ser atingido como resultado da prática do caminho espiritual budista.

O nirvana é aquilo que você alcança quando se liberta da causa subjacente de todo o sofrimento — a ilusão de ser um eu separado. Falando estritamente, o nirvana não corresponde nem mesmo a um estado, mas à sua condição natural, escondida debaixo de camadas de ideias distorcidas e padrões habituais.

Uma maneira de entender o conceito um tanto abstrato do nirvana é reconhecer o que o impede de o experienciar. Por isso, neste capítulo, apresentamos a explicação budista do mecanismo (conhecido como as 12 ligações) que perpetua a insatisfação e as práticas que você precisa realizar para se libertar do sofrimento e alcançar paz e felicidade duradouras.

Como Se a Vida Fosse uma Grande Competição

Se você leu os primeiros dois capítulos deste livro, já tem alguma ideia de como os estados mentais negativos — as assim chamadas ilusões, ou *kleshas*, como o ódio, a inveja, e assim por diante — causam problemas a você tão logo surjam. Mas esses sentimentos fazem mais do que simplesmente causar problemas. Eles o forçam a ir de uma situação insatisfatória para outra, buscando felicidade e paz, mas, no fim, você só encontra decepção e frustração.

LEMBRE-SE

O termo em sânscrito para esse padrão de frustração recorrente é *samsara* (existência cíclica). Esse termo transmite a ideia de um vagar incontrolável e de uma deslocação inquieta, o que não leva a lugar algum. Se você já pensou na vida como uma grande competição na qual seus esforços para chegar a algum lugar só o fazem correr em círculos, já provou a natureza frustrante do samsara. Um tanto amarga, não?

A imagem é tão desoladora quanto a que acabamos de esboçar? Sua vida não possui aspectos prazerosos, momentos de felicidade a serem aproveitados? É claro que sim. Mas o ponto a que queremos chegar é que, enquanto sua mente estiver sob a influência das ilusões — os estados mentais negativos —, esses momentos não serão duradouros. Você, inevitavelmente, passará por frustração, insatisfação e completa tristeza. É por isso que os ensinamentos budistas dizem que a natureza do samsara é o sofrimento.

Lembre-se de que o samsara não descreve a realidade em si, mas sua experiência distorcida da realidade, baseada em seus estados mentais negativos. A competição, em outras palavras, existe em sua mente, e o modo de escapar disso não requer uma mudança em sua vida — mas uma mudança em sua mente. Na verdade, algumas tradições do Budismo ensinam que o samsara é o nirvana, o que significa que essa vida é perfeita da maneira como é, você só tem que despertar para essa perfeição transformando sua mente.

Girando a Roda da Vida: O Significado de Vagar no Samsara

Facilmente, pode-se observar como os padrões de frustração e insatisfação se repetem em seu cotidiano. Por exemplo, se você é uma pessoa facilmente irritável e que sempre fica nervosa com os outros, inevitavelmente se encontrará em situações hostis, tendo que confrontar pessoas que não gostam de você. Essas confrontações apenas fazem com que fique mais nervoso. Se você vai dormir em um estado mental raivoso, seus sonhos também podem ser perturbadores. Então, quando acordar, na manhã seguinte, poderá descobrir que já está com o humor corrompido. E assim por diante.

LEMBRE-SE

Os ensinamentos budistas alegam que o padrão de sofrimento se repete em uma escala muito maior do que simplesmente acordar nervoso porque estava chateado quando foi dormir. As ilusões não o levam, meramente, de uma experiência insatisfatória para a seguinte ou de um dia insatisfatório para o outro. Elas também o levam a vagar, incontrolavelmente, de uma vida insatisfatória para a seguinte!

Buda explicou como os estados de espírito iludidos o mantêm encurralado nesses padrões recorrentes de insatisfação. Ele o fez com ensinamentos daquilo que chamava de *originação dependente ou interdependente.* (Se acha que esses termos são abstratos, dê uma olhada no termo em sânscrito: *pratitya-samutpada.*) Todas essas palavras rebuscadas indicam a mesma verdade: as coisas acontecem por algum motivo.

Buda ilustrou esse mecanismo de causa e efeito em um diagrama, popularmente conhecido como a *roda da vida.* Talvez o melhor lugar para começar um resumo desses ensinamentos importantes seja o centro dessa roda.

Identificando as ilusões-raiz

No centro da roda da vida há três animais, que representam as três ilusões-raiz:

» **Porco:** Representa a ignorância, embora o porco seja um animal relativamente inteligente.

» **Galo:** Representa o desejo ou o apego. Em algumas versões da roda, outras aves aparecem no lugar do galo.

» **Cobra:** Representa o ódio.

Se você leu os Capítulos 1 e 2, já está um pouco familiarizado com essas ilusões. Mas, agora, queremos que explore um pouco mais de perto como se relacionam.

Apegando-se a um eu sólido

Nesta ilustração da roda da vida, a ave e a cobra surgem da boca do porco para indicar que a ignorância é a fonte de todas as outras ilusões. Essa noção da ignorância não significa, simplesmente, não saber algo. Em vez disso, esse tipo de ignorância se apega, forte-mente, a uma ideia errada de como as coisas existem. Pode-se dizer que ela promove, ativamente, uma imagem distorcida da realidade.

DICA

Você pode ter uma ideia de como essa ignorância funciona realizando o exercício que segue — você terá uma ideia melhor daquilo que pensa sobre si mesmo.

1. **Use a palavra "eu" em uma ou duas frases e veja o que desco-bre.** Por exemplo, se descrever o que está fazendo agora, pode dizer algo como: "Estou sentado aqui lendo esta explicação e tentando entender o que significa."

Observe que, assim que fala sobre si mesmo, você, automatica-mente, menciona algo que está acontecendo — ou o que acontece com seu corpo (sentado) ou com sua mente (tentando entender a explicação) ou ambos (lendo). Tente fazer esse pequeno experi-mento diversas vezes, até que perceba, claramente, que todas as vezes que usa a palavra "eu" está se referindo a algum aspecto do seu corpo, mente ou ambos.

2. **Observe mais de perto seu corpo e mente.** Alguns textos filo-sóficos budistas chamam essa combinação entre corpo e mente de *base da imputação do eu*, que é só uma maneira rebuscada de dizer o que já descobriu: você usa o termo "eu" ou "mim" (ou seu nome) para se referir a algo que está acontecendo em sua consti-tuição mental e física. Agora é hora de explorar isso de forma mais profunda.

Quando examina detalhada e cuidadosamente aquilo de que é for-mado, descobre que todos os elementos que compõem seu corpo e mente (os cinco agregados, ou *skandhas*, mencionados no *Sutra do*

Coração) estão em um estado de fluxo constante. Suas sensações físicas e pensamentos, sentimentos e emoções, mudam constantemente — geralmente em um ritmo muito rápido. E, de fato, não é possível apontar para algo dentro desse fluxo constante e dizer, "Isso é algo sólido e permanente". (Você apenas experimenta a força plena desse tipo de meditação de análise se fizer isso repetidamente durante algum período de tempo. Agora, você está apenas sendo apresentado a uma explicação resumida para ter uma ideia geral de como proceder.)

DICA

3. **Em vez de elaborar uma frase emocionalmente neutra, como fez no Passo 1, leve à sua mente um momento de grande estresse ou agitação. Esse ponto é onde o exercício realmente fica interessante**. Talvez alguém o tenha insultado ou deixado constrangido diante de um grupo, e você ficou desconfortável, constrangido e ressentido. (Você também pode usar o exemplo de ser elogiado diante de outras pessoas e se sentir orgulhoso — ou convencido — como resultado, mas nos ateremos a apenas um exemplo aqui.) Em momentos como esse, você provavelmente não pensa: "Essa pessoa acabou de insultar algum aspecto momentâneo de meu corpo ou mente." Em vez disso, o que aparece em seu peito é uma sensação sólida, permanente e quase tangível de eu, e você sente como se *isso* fosse o que lhe atacasse: "Como ele ousa falar isso sobre *mim* diante de todas essas pessoas?!"

LEMBRE-SE

O "eu" ou "mim" concreto e autoexistente que aparece a você nesse momento não tem nada a ver com sua realidade. Você nunca encontrará nada dentro — ou fora — de sua combinação corpo-mente que corresponda a essa noção de eu aparentemente concreta. Esse eu aparentemente concreto corresponde, unicamente, à criação da ignorância — um mau hábito da mente. E essa ignorância — às vezes denominada de *apego ao eu* ou *autoapego*, devido à maneira irrealista como se apega a uma imagem falsa de si — é a causa de todo o sofrimento, sem exceção.

CUIDADO

Tome cuidado ao fazer esse tipo de exame. Você não vai querer chegar à conclusão errada de que você não existe. Você existe; afinal, alguém não está lendo essas palavras? O que *não* existe — o que *nunca* existiu e *nunca existirá* — é esse eu falsamente imaginado e aparentemente separado e concreto no qual você sempre acreditou tão plenamente. Quebrar esse hábito não é fácil, mas, definitivamente, é possível.

Observando o crescimento do ódio e apego

Enquanto você se apegar fortemente a essa falsa imagem de um eu separado — acreditando que ele é seu "eu verdadeiro" — continuará a se aprisionar. Quando pensa que esse "eu" — supostamente concreto — está sendo atacado, imediatamente ficará na defensiva. Você desenvolverá uma aversão ativa quanto ao que está acontecendo a você, e o ódio começará a crescer em seu coração. Pode até começar a tramar uma vingança contra seu agressor, assegurando, desse modo, que o padrão de ataques e contra-ataques se perpetue. E, assim, o ciclo do sofrimento continua a girar.

LEMBRE-SE

O ódio não é o único estado de espírito negativo que surge. O apego e todas as outras ilusões surgem automaticamente, conforme você tenta manter ou defender esse eu, ignorantemente concebido. Você fica furioso se sente que esse eu está sendo atacado, mas também *deseja* que seus sentimentos o suportem ou aprimorem. Essa ilusão é responsável pela mentalidade compulsiva do "ter de ter algo". Enquanto você estiver sob a influência dessa ignorância do apego ao eu, estará alimentando um desejo que nunca poderá ser satisfeito.

Você usa toda sua energia tentando deixar esse falso "eu" seguro, mas seus esforços estão fadados a falharem. Como você pode oferecer segurança a algo que nunca realmente existiu? Você só acaba se exaurindo e magoando os outros, no caminho.

Quando conseguir ver que o eu concreto ao qual estava se apegando durante todo esse tempo é apenas uma ilusão (geralmente após um treinamento extenso em meditação), poderá começar a se desapegar da ignorância. O desapego é como ter um fardo pesado e desnecessário tirado de suas costas. Não mais compelido neuroticamente a defender — ou a promover — esse eu fantasma, você está livre para vivenciar uma noção profunda de contentamento e paz. Em termos mais mundanos: como você não está mais tão concentrado em si mesmo, pode, finalmente, relaxar.

Explorando os seis reinos da existência

Cercando o centro da roda da vida estão dois semicírculos, um claro e outro escuro, representando os dois principais tipos de ação (ou *karma*) que você pode criar — positivas e negativas. Os três seres localizados no semicírculo à esquerda acumularam um karma positivo, que os leva para cima, para os reinos "superiores" dos deuses, antideuses e seres humanos, enquanto o peso do karma negativo está arrastando os três seres no semicírculo à direita para baixo, para os reinos "inferiores" dos animais, dos espíritos famintos e dos seres infernais.

Eis os seis reinos, listados em ordem do mais superior ao mais inferior:

» **Deuses:** Também denominados devas (seres celestiais), os deuses ocupam a posição mais alta na existência cíclica e geralmente são representados como vivendo nos ambientes mais suntuosos. Dependendo do tipo específico de karma que criaram para renascer aqui, esses seres de vida longa passam suas vidas intoxicados por prazer ou absortos em alguma forma de concentração profunda. Alguns deuses se enganam quanto a seu reino, pensando ser o nirvana, mas diferentemente da verdadeira libertação, esse reino (assim como os cinco outros) é apenas temporário. Quando o poderoso karma positivo de um deus se exaure — o karma não dura para sempre; você o usa conforme experiencia seus resultados — não há opção além de mudar para um dos reinos mais inferiores e bem menos prazerosos. Por isso, você não pode, nem ao menos, encontrar segurança no reino dos deuses. Embora os seres humanos não sejam deuses, pode-se dizer que os que vivem o estilo de vida dos ricos e famosos experimentam uma existência parecida com a de um deus, tanto em termos dos prazeres extraordinários disponíveis a eles quanto à ameaça constante de que esses prazeres lhes sejam tirados a qualquer momento.

» **Antideuses:** Também chamados de *asuras* (semideuses), esses seres experimentam uma existência semelhante àquela do reino imediatamente acima deles (o reino dos deuses), mas não podem aproveitar, plenamente, os prazeres de seu reino. Devido ao fato de que seus prazeres, assim como seu karma positivo, são inferiores àqueles dos deuses mais afortunados, os antideuses sofrem com uma enorme inveja, a ilusão predominante desse reino. Essa inveja faz com que eles guerreiem contra seus vizinhos mais poderosos, sujeitando-se repetidamente, desse modo, à agonia da derrota (sem a emoção correspondente da vitória, ainda assim). No reino humano (que discutiremos em breve), alguns dos seres humanos não tão ricos e famosos passam por problemas de inveja e competitividade semelhantes àqueles dos antideuses.

» **Humanos:** O terceiro reino, dentre os três reinos superiores, é aquele que você experimenta agora. Conforme Buda notou no início da própria jornada espiritual (que detalhamos no Capítulo 3), esse reino é composto pelo sofrimento advindo de doenças, velhice e morte — sem mencionar a frustração de não ter o que você quer e a angústia de estar separado daquilo que gosta. Enquanto vive nesse reino, você pode experimentar algo bastante semelhante com os prazeres e dores dos outros estados de existência. Na verdade, é por isso que o nascimento, nesse reino, pode ser tão afortunado: você tem sofrimento suficiente para se motivar a quebrar o ciclo da existência e lazer suficiente para fazer algo quanto a isso.

» **Animais:** Esse reino, o mais alto dos três reinos inferiores, é aquele com o qual os seres humanos têm uma conexão mais próxima. Embora uma ampla gama de experiências exista dentro desse reino, a grande maioria dos animais leva vidas de constante luta e busca de comida, enquanto tenta evitar ser caçada. Essa difícil experiência, impulsionada pelos instintos que não conseguem controlar, é um reflexo do tipo de comportamento que é, em grande parte, responsável pelo seu nascimento como animal. Além de fome e medo, os animais também sofrem com calor e frio (no caso da maioria dos animais domésticos) e com a dor de realizar trabalhos forçados e pesados. Infelizmente, as circunstâncias desesperadas ou a inteligência limitada força muitos seres humanos a viver uma existência não muito diferente.

» **Espíritos famintos:** Esse é um reino de frustração contínua, desejos contrariados e que não podem ser satisfeitos. O sofrimento predominante desses seres desafortunados (chamados de *pretas* em sânscrito e, às vezes, denominados de *espíritos errantes*) corresponde à fome e à sede não aliviadas, e a principal causa para seu renascimento neste plano é sua avareza. Geralmente representados como tendo pescoços finos e estômagos cavernosos, esses seres têm grande dificuldade para encontrar e consumir comida e bebida. A maioria das pessoas não encontra *pretas* diretamente — embora Jon já tenha conhecido algumas pessoas que dizem ter feito contato com eles — mas você pode conhecer pessoas mesquinhas que se apegam às suas posses de uma maneira tão avara que, assim como um *preta*, afugentam completamente a alegria de suas vidas.

» **Seres infernais:** Esse reino, além de ser o mais baixo de todos os reinos dentro da experiência cíclica, é repleto do sofrimento mais intenso. A principal causa para experimentar esse tipo de renascimento doloroso é cometer ações extremamente prejudiciais, como assassinato, enquanto se está sob a influência de ilusões poderosas — especialmente o ódio. Dentro do reino humano, diz-se que as pessoas que passam por formas particularmente intensas de agonia física ou mental, além do limite da experiência comum, vivem uma existência semelhante à infernal.

Como se os infortúnios representados nessa lista não fossem suficientes, um grande defeito da vida, dentro da existência cíclica, é que você não consegue encontrar descanso ou segurança em lugar algum. Em um instante você está degustando o néctar dos deuses; no outro, está vagando, procurando por algo que sacie sua sede insuportável. Mesmo como um ser humano, você pode transitar para cima ou para baixo e entre os vários reinos em uma questão de minutos. Toda a roda da vida segue o domínio da impermanência. Conforme sua mente se transforma, suas experiências também se modificam.

LEMBRE-SE

Esses vários reinos de experiência — ou estados de existência — não são lugares que estão esperando por sua visita. Eles não são destinos preexistentes para os quais você é mandado — como uma recompensa ou punição. Você cria as causas para experimentar os prazeres e dores desses reinos por meio daquilo que faz, diz e pensa.

Entendendo os doze elos

Nos ensinamentos conhecidos como os doze elos de *originação dependente*, Buda descreveu o mecanismo que o leva de reino em reino dentro da existência cíclica e o mantém aprisionado pelo sofrimento e pela insatisfação. Na representação da roda da vida, esses doze elos ficam localizados ao redor da borda exterior. A lista a seguir explica seu simbolismo.

> » **Ignorância: Um homem cego andando com dificuldade.**
> Novamente, percebe-se a ilusão raiz da ignorância, diretamente do centro da roda. Mas aqui a ignorância não é um porco; é um homem cego e frágil que vagueia de uma dificuldade a outra. Ele não consegue ver para onde está indo, pois está cego pela própria ignorância, completamente enganado quanto à maneira como as coisas (inclusive o eu) de fato existem. Ele é frágil, pois, embora a ignorância seja poderosa no sentido em que é a fonte de todo

o sofrimento, não tem um suporte firme e, portanto, pode ser superada pela sabedoria.

» **Formações kármicas: Um oleiro em seu trabalho.** Essa ligação também é conhecida como *ações composicionais*, ou, mais simplesmente, como ação. Na ignorância, você realiza ações do corpo, fala e mente; essas ações — ou karma — moldam uma nova vida, assim como o oleiro pega um pedaço de argila e molda um novo vaso. (Lembre-se de que, enquanto você continuar a se apegar a uma visão errônea de si mesmo — esse é o primeiro elo: a ignorância —, até mesmo suas ações positivas moldarão uma nova vida dentro da existência cíclica por você. É claro que essa nova vida será muito mais agradável do que uma vida moldada por ações negativas.)

» **Consciência: Um macaco subindo e descendo uma árvore.** As ações do elo anterior deixam impressões em sua consciência que são carregadas para suas vidas futuras; o macaco que sobe e desce a árvore simboliza esse movimento de uma vida à outra.

» **Nome e forma: Duas pessoas sendo levadas em um barco.** Se você renascerá como um ser humano novamente, sua consciência (carregando suas impressões do passado) acaba entrando no útero de sua futura mãe, onde se junta à união de esperma e óvulo de seus pais. O nome, simbolizado aqui por um dos dois viajantes, se refere à consciência mental que se junta à união do esperma e do óvulo. A *forma*, simbolizada pelo outro viajante, se refere ao pequeno embrião que crescerá e se transformará no novo corpo dessa consciência.

Em algumas ilustrações da roda da vida, apenas uma pessoa é mostrada no barco. Nesse caso, a pessoa representa o *nome*, a consciência mental que vem de uma vida anterior, e o barco simboliza a *forma*, o óvulo fertilizado dentro do qual essa consciência entra.

O nome e a forma se referem à mente e ao corpo embrionário recém-concebidos do ser.

- **»** **Bases dos seis sentidos: Uma casa vazia.** Conforme o feto se desenvolve no útero, as bases para os seis sentidos começam a se desenvolver. Nesse momento, no entanto, os sentidos ainda não funcionam. Assim, suas bases são simbolizadas por uma casa que, embora esteja completa do lado de fora, está vazia por dentro.

- **»** **Contato: Um homem e uma mulher se abraçando.** Conforme o desenvolvimento fetal continua, os sentidos acabam se desenvolvendo até o ponto em que fazem contato com seus respectivos órgãos. Esse contato inicial — que ocorre em momentos diferentes para os diferentes órgãos dos sentidos — é simbolizado por duas pessoas se tocando ou beijando.

- **»** **Sensação: Uma pessoa com uma flecha no olho.** Como resultado desse contato sensorial, as sensações de prazer, dor ou neutralidade são experimentadas, começando no útero e continuando por toda a vida. Por meio desse elo da sensação (às vezes chamado de *resposta*), você colhe os resultados de seu karma passado, experimentando o prazer como resultado das ações virtuosas e a dor como resultado das ações não virtuosas — ou prejudiciais (além das sensações neutras, resultado das ações que não são nem virtuosas nem prejudiciais). Uma flecha enfiada no olho de uma pessoa ilustra, graficamente, a imediação e intensidade da sensação.

- **»** **Desejo: Uma pessoa bebendo uma bebida alcoólica.** O oitavo elo, o desejo (ou *fixação*), é o desejo que surge das sensações da ligação anterior. Quando você experimenta o prazer, quer que ele continue; quando experimenta a dor, quer que ela cesse. Seu desejo de repetir o que é bom e de se separar do que é ruim é como um vício poderoso, e é por isso que uma pessoa bebendo uma bebida alcoólica simboliza esse elo. Assim como a sensação, o desejo ocorre durante toda a vida, mas esse elo se torna crucial no momento de sua morte, quando você desenvolve um desejo especialmente forte de continuar a viver.

- **»** **Apego: Um macaco pegando frutas.** Esse elo representa uma forma mais intensa de desejo. Conforme seu desejo cresce, você tende a se apegar aos objetos de prazer da mesma maneira que um macaco se agarra a uma fruta. Conforme se aproxima da morte, você tende a se apegar a um novo corpo para substituir aquele que está prestes a perder. Essa ação não é uma decisão consciente e pensada por você; é a consequência automática do desejo e do apego com os quais se acostumou durante sua vida.

Agora que seu corpo está morrendo, seu hábito profundamente enraizado de apego ao eu (veja a seção "Apegando-se a um eu sólido", anteriormente neste Capítulo) o compele a buscar um substituto. Conforme alguém uma vez disse brincando: "Em tal estado de pânico, você provavelmente pularia para dentro do primeiro útero amigo que aparecesse."

» **Vir-a-ser: Uma mulher grávida.** Conforme os elos do desejo e apego aumentam de forma substancial, no momento da morte, começam a fazer amadurecer uma das muitas sementes kármicas já plantadas em sua consciência. O potencial dessa semente — ou *impressão kármica* –, de levá-lo diretamente a uma nova vida agora está ativado, conforme simbolizado pela mulher grávida pronta para dar à luz. O renascimento está garantido. (Esse elo é chamado de *vir-a-ser*, pois leva você a uma próxima vida que virá a existir.)

» **Nascimento: Uma mulher dando à luz.** A semente ativada durante o elo anterior finalmente amadurece por inteiro, e sua consciência prestes a morrer é propelida ("expulsa pelos ventos do karma", dito de uma maneira poética) em direção às circunstâncias de seu próximo renascimento. Uma mulher dando à luz simboliza esse elo (embora você só faça contato verdadeiro com seu próximo reino de renascimento em sua concepção).

» **Envelhecimento e morte: Uma pessoa carregando um cadáver.** A partir do momento de sua concepção, o processo que, inevitavelmente, leva a seu desenvolvimento, deterioração e morte, inicia-se. Ao longo do caminho, você será forçado a carregar o fardo de um sofrimento indesejado, que a pessoa que está carregando o cadáver simboliza.

O objetivo de Buda ao ensinar os doze elos — começando pela ignorância e terminando com um cadáver — não era preocupar alguém ou, por outro lado, deprimir. Pelo contrário! A intenção de Buda era tornar essa pessoa profundamente ciente da maneira como suas ações, motivadas de forma ignorante, inevitavelmente levariam a um sofrimento recorrente. Tudo isso para que houvesse motivação para encontrar um meio de saída. O Buda, representado estando fora da roda da vida (e apontando para a lua da libertação — ou nirvana) representa esse meio de saída.

Capítulo **14**

Alcançando Seu Maior Potencial

lguém sempre parece estar pronto para o incentivar a aproveitar sua vida ao máximo. Seus pais o encorajaram a dar seu melhor. E seus professores provavelmente o encorajavam a desenvolver seu potencial. Até mesmo as propagandas televisivas geralmente batem sobre a mesma tecla: use uma marca específica de calçados esportivos e "just do it" (simplesmente haja). Junte-se ao exército para que possa ser tudo o que pode ser!

O Budismo oferece um encorajamento semelhante a seus praticantes — embora seu escopo e foco sejam um tanto diferentes daqueles do mercado de propagandas e de seus amigos, professores e pais. De acordo com o Budismo, você tem o poder de alcançar o sucesso não apenas para essa vida, mas também para suas vidas futuras. Você pode purificar seu karma negativo, alcançar a felicidade e a paz mental, e até mesmo atingir o *nirvana*, que é a libertação completa do ciclo de sofrimento e insatisfação. A melhor parte é que é possível fazer todas essas coisas independentemente de suas circunstâncias de vida.

É claro que esses objetivos tão elevados podem custar o trabalho de uma vida inteira, mas é bom saber que você tem esse potencial — o que o Budismo chama de *natureza inata de Buda*. Essa natureza de Buda é seu direito inato, e ela está dentro de você neste instante, esperando que a reconheça e libere sua capacidade. É sobre isso que versa a prática budista!

Neste capítulo, apresentamos uma visão geral do caminho que leva à efetuação, ou realização, de seu potencial mais alto. Mas primeiro você precisa ter clareza sobre *por que*, exatamente, você quer seguir esse caminho. Em outras palavras, qual é sua motivação subjacente? Para que sua prática seja completa, sua motivação deve estar além de sua mera satisfação pessoal, de modo a incluir a felicidade e a realização dos outros. Esse desejo profundo pelo benefício de todos os seres (não apenas de seus amigos, e também não apenas dos outros seres humanos) está no centro do Budismo. Na tradição do Grande Veículo (Mahayana) — de que as escolas Zen e Vajrayana, entre outras, fazem parte, esse desejo é conhecido como o *voto do bodhisattva*. Na tradição Theravada, ele assume a forma das *quatro atitudes incomensuráveis*.

Pedindo uma Porção de Felicidade para Tudo e Todos

Considere a seguinte situação hipotética. (Se você acha que vamos apresentar outra analogia budista, está certo.)

Você e toda a sua família estão em casa quando, de repente, sente cheiro de fumaça. A fumaça rapidamente fica mais forte, e você percebe que sua grande casa de dois andares está pegando fogo. Você sobe a escada que leva ao andar de cima; mas, percebendo que o fogo logo engolirá também o andar superior, procura outra rota de fuga. Tateando seu caminho em meio à pesada fumaça, você finalmente chega à porta da frente. Libertando-se, chega ao quintal do lado de fora. Lá, finalmente fora de perigo, você se deita para recobrar o fôlego.

A pergunta é: "Como você se sente agora, que está seguro? Está contente? Você fez tudo o que tinha que fazer?" Apesar do fato de estar a salvo, a resposta tem que ser não. Por quê? Porque sua família pode ainda estar presa lá dentro. Enquanto os seus entes queridos estiverem em perigo, como poderia estar contente apenas com a própria fuga?

Essa analogia demonstra claramente o sentimento de incompletude advindo de se concentrar, exclusivamente, na própria libertação do sofrimento. Tal preocupação egoísta ignora o bem-estar dos inúmeros outros seres — humanos ou não — atualmente presos à dor e insatisfação. O Budismo ensina que somos todos interconectados e interdependentes. No nível mais profundo, somos todos um. Com esse contexto maior em mente, realizar seu potencial mais elevado deve, inevitavelmente, incluir também auxiliar na felicidade e realização dos outros.

A determinação de beneficiar todos os seres além de (ou, às vezes, até mesmo antes de) si próprio é conhecida como o *voto do bodhisattva*. O *bodhisattva* é o ser cuja iluminação não está completa até que todas as coisas vivas estejam também iluminadas! Embora a tradição Mahayana considere o bodhisattva o modelo máximo, o espírito do bodhisattva também é bastante universal na tradição Theravada.

Dedicando Seu Coração aos Outros

No Budismo, o caminho que o leva à realização mais primordial deve, inevitavelmente, estar baseado na motivação que inclui o bem a todos. Na tradição Mahayana, essa motivação compassiva é conhecida por seu nome em sânscrito, *bodhichitta*. Dividindo a palavra em duas partes, é mais fácil compreendê-la:

» *Chitta* significa mente, atitude ou coração. (Também discutimos *chitta* no Capítulo 2.)

> » *Bodhi* significa o objetivo supremo da iluminação, ou estado de Buda. Ao juntar as duas palavras, o resultado é *bodhichitta*, o estado mental compassivo que deseja atingir a iluminação pelo benefício dos outros. Alguns críticos denominam esse estado simplesmente como coração desperto ou, como um tradutor que conhecemos gosta de dizer, *coração dedicado*. Ao cultivar o bodhichitta, você faz despertar a compaixão em seu coração pelo sofrimento dos outros e dedica seus esforços em benefício deles, bem como a si próprio.

Independentemente de quanto tenha sofrido ou sido magoado, a compaixão, definitivamente, existe em seu coração nesse momento, embora ela possa estar enterrada debaixo de camadas de pesar, raiva e autoproteção. (Por outro lado, em vez de esconder sua compaixão, o sofrimento geralmente invoca uma forte compaixão como resposta.) O problema é que sua compaixão pode ser condicional e estar limitada em seu escopo. Por exemplo: provavelmente, você sente — com facilidade — compaixão por um membro de sua família, um amigo íntimo ou uma criança pequena que está sofrendo, mas sua compaixão por outras pessoas pode não surgir tão espontaneamente.

No Budismo, o objetivo é desenvolver uma compaixão incondicional que se estende a todos os seres, independentemente de terem o ajudado ou prejudicado no passado. Esse tipo de compaixão o ajuda a ultrapassar os preconceitos, estereótipos e outras formas de pensamento limitado e parcial a que você adere e que o impedem de abraçar todos os seres como seus irmãos e irmãs. Para auxiliar em seu cultivo de tal "grande" compaixão que inclui a tudo, a tradição Vajrayana recomenda duas abordagens, abaixo relacionadas:

- » Reconhecer que todos são membros de uma única família
- » Perceber a igualdade básica entre você e os outros

Nutrindo os Quatro Estados Celestiais

Assim como o Budismo oferece inúmeras técnicas de meditação para acalmar e esclarecer a mente, fazendo você atingir uma compreensão sobre as verdades mais profundas da vida, também oferece métodos para cultivar as quatro qualidades centrais conhecidas como estadas celestiais, ou *atitudes incomensuráveis*:

» Compaixão

» Bondade amorosa

» Alegria altruísta

» Equanimidade (paz mental)

Em Pali, esses estados celestiais são denominadas como *brahmavihara*. O termo literalmente significa "morada dos deuses", denotando qualidades especialmente sublimes.

A sabedoria e a compaixão (ou bondade amorosa) são consideradas dois lados da mesma moeda. Quando você observa profundamente a natureza impermanente, sofredora, e sem um eu da realidade, naturalmente vivencia o amor pelos outros, a compaixão por seu sofrimento e um desejo veemente de ajudar a os libertar da dor. Ao mesmo tempo, quanto mais você abrir seu coração e quanto mais amor e compaixão sentir, mais seus pontos de vista limitadores cessarão e revelarão a natureza essencialmente vazia e insubstancial da realidade.

Por esse motivo, o desenvolvimento da compreensão e o cultivo dos quatro brahmaviharas estão em harmonia com o Budismo. (Se os brahmaviharas parecem se justapor à motivação bodhichitta que discutimos na seção "Dedicando Seu Coração aos Outros", anteriormente neste capítulo, é porque eles são os equivalentes da tradição

Theravada. Nós os detalhamos aqui, pois oferecem outra maneira poderosa de descrever a realização de seu potencial mais elevado.) O próprio Buda descreveu o caminho espiritual como a "libertação do coração, que é o amor" e a culminação do caminho como a "certeira libertação do coração". Independente de quanta compreensão tenha, a menos que seu coração esteja transbordando de amor e compaixão, você ainda não alcançou a libertação total.

Embora mencionemos os quatro estados celestiais em tópicos separados, essas quatro qualidades não estão, de fato, separadas. Elas são quatro aspectos ou facetas da joia preciosa, que é o coração plenamente desperto. Embora Buda e outros grandes mestres e professores sejam o exemplo desse coração, não esqueça que ele também está vivo dentro de você nesse instante, como sua própria natureza de Buda; camadas de mágoa, ressentimento e medo acumulados meramente escondem os quatro estados celestiais de sua visão. Quando você pratica os quatro brahmaviharas, fornece alimento para esse coração, que, assim como um sol poderoso, gradualmente queima as nuvens de emoções negativas, crenças distorcidas e padrões habituais.

CUIDADO

Uma advertência: o cultivo da bondade amorosa e compaixão não envolve se meter na vida dos outros ou assumir uma atitude moralmente superior, que declare: "Sou um bodhisattva com motivação pura, que tem algo importante a oferecer a você, ser sofredor e inferior!" Pelo contrário: as qualidades do amor, compaixão, equanimidade e alegria pela felicidade dos outros, quando praticadas corretamente, quebram as barreiras da separação aparente entre você e os outros, e revelam a unicidade inerente de toda a vida. Elas mostram as maneiras pelas quais você próprio está sofrendo, com o coração fechado e, de outro modo, preso ou mal orientado. Sempre que você se encontrar apontando para os outros, mesmo que seja em aparente compaixão, lembre-se de virar o dedo e apontar de volta para si mesmo.

Estendendo a bondade amorosa

No Budismo, especialmente na tradição Theravada, a qualidade conhecida como bondade amorosa (Pali: *metta*) é considerada um par da compreensão, em seu poder de despertar e transformar. Na bondade amorosa, você valoriza e estima os outros como se fossem seus próprios filhos, e lhes deseja a mesma boa sorte, saúde, felicidade e paz mental que deseja para seus amigos e familiares mais queridos.

Ao estender o amor aos outros, você reflete de volta para eles sua bondade inerente, sua natureza de Buda inata e, portanto, os encoraja a abrir seus corações e a crescer como pessoas e espiritualmente. Ao mesmo tempo, você gradualmente se desprende do controle que as emoções negativas — como o ressentimento e a decepção — têm sobre seu coração.

Mas Buda, em sua sabedoria, percebeu que não é possível amar os outros plenamente até que você aprenda a amar a si mesmo. "Se procurar em todo o universo", ele geralmente dizia, "não encontrará ninguém que mereça mais amor e afeição do que você mesmo". Por isso, inicie a prática da *metta* bondade amorosa, primeiramente, oferecendo-a a si mesmo.

Desenvolvendo a compaixão

Como explicamos na seção "Dedicando Seu Coração aos Outros", anteriormente neste Capítulo, a compaixão está no centro da motivação exaltada, conhecida como bodhichitta. Mas o que exatamente é a compaixão? Geralmente, as pessoas a confundem com a tendência de se sobrecarregarem com o sofrimento dos outros e se prejudicarem no processo de tentar ajudá-los. Como um dos meus mestres costumava dizer, esse hábito não é a verdadeira compaixão, e sim uma compaixão tola (ou, como os livros de autoajuda gostam de denominá-la hoje em dia, uma codependência).

LEMBRE-SE

A compaixão (*karuna* em pali e sânscrito) envolve, primeiramente, reconhecer o sofrimento dos outros — o que é comum no mundo — e depois, gradualmente, aprender a abrir seu coração para senti-lo profundamente, sem deixar que o domine.

Se você for como a maioria das pessoas, compreensivelmente, tentará evitar sentir o sofrimento — não apenas o dos outros, mas o próprio, também — afinal, o sofrimento geralmente é doloroso; além disso, você pode se sentir impotente, pois não pode fazer nada quanto a ele. E o sofrimento geralmente traz consigo outros sentimentos desagradáveis, como a raiva (na causa do sofrimento), o medo (do sofrimento em si) e a dor.

Mas a compaixão genuína é, na verdade, capacitante, pois uma percepção clara sobre a maneira como as coisas são geralmente a acompanha. A verdade é que milhões de pessoas estão sofrendo e isso é a única coisa que você pode afirmar a respeito. A partir dessas percepções claras e dos sentimentos de compaixão surgem a força e a habilidade de fazer tudo o que você pode para aliviar o sofrimento, juntamente com a aceitação de que é só isso o que pode fazer. A prece da serenidade expressa esse espírito, de maneira bastante bela: "Deus, conceda-me a serenidade de aceitar as coisas que não posso mudar; a coragem de mudar as coisas que posso e a sabedoria para saber a diferença."

Nutrindo a alegria altruísta

Estranhamente, muitas pessoas acham que simpatizar com o sofrimento dos outros é mais fácil do que alegrar-se com sua felicidade — ou sucesso. Talvez esse traço seja o resultado da ética de trabalho ocidental, que diz que "se não há dor, não há ganho" e que enfatiza a luta e a privação, enquanto suspeita de sentimentos mais expansivos como o êxtase e o entusiasmo. Afinal, quantas pessoas, genuinamente, gozam até mesmo do próprio bem-estar? Ou talvez você sinta inveja — em vez de alegria — devido a essa tendência, especialmente ocidental, de competir com os outros, julgar, comparar e humilhar, em vez de aprovar e apreciar. Devido a essas tendências, que aparentemente eram comuns também no tempo de Buda, a alegria altruísta (Pali: *mudita*) geralmente é considerada como a mais difícil das quatro brahmaviharas a se desenvolver.

LEMBRE-SE

A *alegria altruísta* irrompe pela mente comparativa e parcial para abraçar a felicidade dos outros de acordo com os termos deles. Geralmente, você vê as outras pessoas por meio das lentes dos próprios preconceitos, ideias e expectativas, e julga os esforços e realizações delas do mesmo modo. Quando você cultiva a alegria altruísta, no entanto, desenvolve a capacidade de ver os outros claramente, da maneira que são, e compartilha a felicidade e o sucesso deles como se fizesse parte, sentindo o que sentem. Ao fazer isso, você não apenas enriquece a experiência deles, como também aumenta sua própria parte de felicidade e alegria. Além disso, você quebra as barreiras que o separam dos outros e estabelece a possibilidade de amor e apoio mútuo e contínuo.

Estabelecendo a equanimidade

LEMBRE-SE

Considerada como a culminação dos brahmaviharas (e aquele que protege os outros três) a *equanimidade* (pali: *upekkha*) é a paz mental ampla e equilibrada que abraça a vida da maneira como é.

Essa qualidade surge quando você medita e percebe, com profundidade, a verdade budista essencial da *impermanência* (tudo está constantemente mudando) e desiste de tentar controlar aquilo que simplesmente não pode. Você simplesmente deixa as coisas acontecerem. Na formulação usada pelos grandes místicos cristãos: "Não é a minha vontade, mas a Vossa, que será realizada, ó, Senhor!"

Equanimidade não significa passividade ou indiferença. Você pode agir, no sentido de realizar mudanças importantes em sua vida, com o mesmo equilíbrio e paz mental que aplica ao se sentar silenciosamente em meditação. Na equanimidade, assim como em outros brahmaviharas, você está completamente aberto à vida, conforme ela se apresenta. Você não fecha seu coração, tampouco nega o que está acontecendo, mas tem uma confiança profunda de que a vida se desdobra de sua própria maneira significativa e misteriosa, e é só isso o que pode realizar para "fazer a diferença".

Você pode preferir certas circunstâncias de vida em relação a outras, mas tem fé nos ciclos maiores, no contexto maior. Assim como a bondade amorosa compara-se ao amor de uma mãe por seu filho, a equanimidade se compara ao amor que os pais sentem quando seus filhos se tornam adultos — oferecendo um apoio acolhedor juntamente com um amplo espaço para o desapego.

Da equanimidade surge o destemor em face aos altos e baixos da vida — uma qualidade que pode ser tão contagiosa como o pânico ou a raiva. No filme *Sem medo de viver*, Jeff Bridges interpreta um homem cuja equanimidade — durante e após um acidente de avião — irradia paz e confiança aos outros passageiros. (Como descrevemos na seção "Praticando a generosidade sincera", posteriormente neste Capítulo, oferecer o presente do destemor é uma das quatro formas primárias da generosidade.)

Cultivando as Seis Perfeições de um Bodhisattva

LEMBRE-SE

Como você pode ter imaginado, simplesmente querer se tornar iluminado para que possa ajudar os outros de maneira mais eficaz não é suficiente. Você deve, realmente, seguir o caminho que leva a essa realização.

No Budismo, esse caminho é esboçado de diversas maneiras, geralmente envolvendo listas de um tipo ou de outro: o caminho óctuplo (veja o Capítulo 3), os três treinamentos (veja o Capítulo 13), as dez figuras da manada de bois (veja o Capítulo 10), e assim por diante. Outra estrutura útil para entender o caminho — uma que enfatiza o cultivo de qualidades positivas e é amplamente usada em todo o Budismo para orientar os alunos em sua prática — são as seis perfeições.

Perfeição é a tradução comumente aceita do termo sânscrito original *paramita*, que significa literalmente "fazer atravessar". A imagem poética sugerida aqui é a de um amplo oceano de sofrimento, nas margens do qual se localiza a distante praia da iluminação. Ao confiar nessas seis práticas — ou perfeições –, o bodhisattva da compaixão pode carregar os outros seres — inclusive ele mesmo!

O caminho do bodhisattva (para voltar do oceano à terra seca) corresponde a uma união da compaixão (geralmente chamada de *método* devido a seu meio de beneficiar os outros) e da sabedoria compreensiva da natureza verdadeira da realidade. As primeiras cinco perfeições compõem o aspecto de método compassivo do caminho:

» Generosidade

» Comportamento ético

» Paciência

» Esforço

» Concentração

E assim como os olhos levam o corpo por um caminho, as seis perfeições oferecem orientação e direção ao restante:

» Sabedoria

Nas próximas seções, seguimos, em grande parte, a abordagem Vajrayana de interpretação das perfeições. Mas elas têm uma ampla aplicação no Budismo e são, geralmente, entendidas mais ou menos da mesma maneira. (Em algumas tradições, dez perfeições são listadas, em vez de seis. Nesses casos, a concentração é omitida, e renúncia, veracidade, resolução, equanimidade e bondade amorosa são incluídas.)

Geralmente consideradas como qualidades a serem cultivadas e aprimoradas, os paramitas também podem ser compreendidos a partir de outra perspectiva: como aspectos essenciais da natureza de Buda — inerente e sempre disponível. De acordo com essa visão, em vez de esforçar-se para alcançar as perfeições, você precisa, simplesmente, despertar para sua natureza, que, circunstancialmente, será semelhante à de Buda (também conhecida como o eu verdadeiro ou a natureza da mente). Quando você faz isso, as perfeições naturalmente florescem por si próprias.

Praticando a generosidade sincera

A generosidade é a primeira da lista porque é considerada a mais fácil entre as seis perfeições a serem praticadas. Também chamada de doação, ou até mesmo de caridade, a generosidade se refere à atitude sincera que permite que você forneça aos outros exatamente o que precisam, sem mesquinhez ou arrependimento.

Essa perfeição é, tradicionalmente, dividida em quatro tipos:

» **Oferecer o dharma:** Você não precisa ser um mestre budista plenamente qualificado para oferecer aos outros o *dharma* (orientação espiritual que tira os seres do sofrimento), embora seja verdade que, quanto maior for seu entendimento e realização sobre o dharma, mais eficaz será sua orientação. Você tem que ter a motivação adequada: desejar verdadeiramente beneficiar os outros e não simplesmente procurar os impressionar com seu conhecimento.

» **Oferecer proteção:** Os seres humanos e os animais encaram constantemente o perigo — até mesmo o pânico de perder suas vidas. Protegê-los do perigo — impedindo que um inseto caia em uma piscina, por exemplo — caracteriza essa segunda forma de generosidade. Essa prática poderosa não apenas beneficia diretamente os seres que você resgata, como também aumenta seu respeito pela santidade de toda a vida. Além disso, o karma positivo que você gera, ao proteger e salvar as vidas dos outros, pode servir para aumentar sua própria longevidade (veja o Capítulo 12 para saber mais sobre o karma).

- **»** **Oferecer auxílio material:** A maioria das pessoas pensa sobre esse tipo de generosidade quando considera a prática da doação. Devido ao fato de que os seres humanos precisam de inúmeras coisas diferentes para sobreviver e prosperar, como comida, roupas, abrigo e um emprego lucrativo, você tem inúmeras oportunidades de praticar a doação material. Oferecer trocados a pessoas sem-teto na rua, doar dinheiro à sua instituição de caridade preferida e comprar comida para um amigo doente são exemplos comuns dessa forma de doação. Apenas assegure-se de usar sua sabedoria de bom senso ao oferecer auxílio material a alguém. Dar uma garrafa de vinho a um alcoólatra, por exemplo, pode não ser a forma mais sábia de generosidade.

- **»** **Oferecer destemor:** Acima de tudo, você oferece esse precioso presente aos outros quando o exibe no próprio comportamento — e você não pode manifestar destemor a menos que o cultive em seu coração, praticando meditação e trabalhando com as crenças distorcidas que causam medo inadequado ou excessivo. Estátuas clássicas de Buda geralmente o mostram em um gesto como se estivesse oferecendo destemor, com um braço levantado e a palma virada para a frente. (É interessante notar que outro gesto geralmente acompanha essa mão levantada. O outro braço, direcionado para baixo, com a palma virada para a frente, denota doação.) Devido ao fato de que os ensinamentos de Buda ajudam a reduzir o medo e outras formas de sofrimento, a primeira forma de doação implicitamente inclui o destemor, assim como a segunda, que oferece aos seres o destemor que acompanha a segurança física.

DICA

Tenha em mente que a prática da generosidade não depende tanto daquilo que você doa, mas de sua *atitude* em relação à doação. Você aprimora essa prática em sua mente conforme supera toda a relutância em ajudar os outros e aprende a se desapegar — de posses materiais, tempo, energia e até mesmo de pontos de vista. Dessa maneira, a generosidade nutre sua própria libertação, porque ela gradualmente o liberta do apego e ganância.

Você não precisa doar nada tangível para praticar a generosidade; até mesmo cultivar o *desejo* de doar conta bastante, especialmente quando isso enfraquece seu apego. Primordialmente, a expressão mais profunda dessa paramita envolve o reconhecimento de que o doador, o bem e o recebedor são inerentemente um e inseparáveis.

Seguindo a autodisciplina do comportamento ético

Essa perfeição também é chamada de moralidade, mas temos um pouco de cuidado ao usar esse termo, pois ele pode se referir a uma atitude puritana em relação ao prazer que não se aplica ao Budismo. O significado subjacente de *comportamento ético*, no Budismo, é evitar fazer mal aos outros. Poderíamos chamar simplesmente de bondade ou virtude. Assim como com a generosidade, a perfeição da bondade (ou do comportamento ético) é tradicionalmente dividida em diversos tipos:

» **Reserva:** Suas tentativas de não cometer ações negativas ao seguir os preceitos éticos tradicionais caem nessa categoria. Por exemplo, quando você se refugia formalmente nas Três Joias de Buda, no dharma e na sangha (nas tradições Theravada e Vajrayana) ou recebe os preceitos (no Zen), você promete se reservar de contar mentiras. (Para saber mais sobre como se refugiar e receber os preceitos, veja o Capítulo 6.) Todos os esforços que faz para cumprir com esse voto expressam a disciplina da autorreserva. O mesmo se aplica a quaisquer outros votos que você faz conforme progride ao longo do caminho espiritual.

» **Acumulando virtude:** O progresso ao longo do caminho espiritual requer que você acumule energia positiva, especialmente quando sua dedicação está voltada para beneficiar os outros. Acumular virtude, portanto, é como carregar suas baterias espirituais. Durante esse livro, descrevemos muitas ações virtuosas — como fazer oferendas às Três Joias, realizar prostrações (veja o Capítulo 8), rezar pelo bem-estar dos outros, estudar o dharma e aderir aos preceitos — tudo isso contribui para essa forma de disciplina ética.

> **Beneficiando os outros:** Beneficiar os outros é o propósito de desenvolver o bodhichitta. No cotidiano, você tem tantas oportunidades de ajudar as pessoas a seu redor que as listar aqui é algo simplesmente impossível. Em suma: beneficiar resume-se a tudo o que você faz com seu corpo, fala e mente dirigidas ao bem-estar dos outros. Até mesmo o pequeno ato de acender uma vela para alguém em seu altar, se feito com o desejo de purificar a escuridão da mente de outra pessoa, é um exemplo dessa forma de disciplina ética.

Desenvolvendo paciência

LEMBRE-SE

A paciência é o oposto direto da raiva e irritação, por isso é uma das principais práticas de um bodhisattva da compaixão. Além de prejudicar os outros, sua raiva e irritação têm um efeito desastroso sobre o próprio desenvolvimento espiritual. Portanto, manter sua mente o mais livre possível desse tipo de energia negativa é extremamente importante.

A raiva geralmente surge quando você se sente como se estivesse sendo atacado, quando não consegue o que quer e quando alguma situação ou pessoa o frustra. Mas admita: o mundo está cheio de pessoas e coisas que o podem chatear, então, o que você vai fazer: ficar nervoso com cada uma dessas pessoas e coisas? A raiva, de fato, libera uma energia poderosa, mas tentar usar essa energia para resolver seus problemas apenas cria mais problemas. Assim que você passa como um rolo compressor por cima de um obstáculo, dois outros obstáculos, inevitavelmente, aparecem no lugar daquele.

Uma famosa analogia budista diz que, "se você quer proteger seus pés de espinhos, cobrir toda a superfície da Terra com couro é uma maneira esbanjadora e ineficiente de fazer isso". Simplesmente cubra as solas de seus pés com couro, e os espinhos não o machucarão. De maneira semelhante, você não pode se defender das dificuldades da vida tentando as superar com a raiva. Ao praticar a paciência, no entanto, você mantém sua mente livre da raiva e, como resultado, seus "problemas" não o conseguirão mais chatear. Assim como calçar sapatos, essa abordagem é uma maneira muito mais eficiente de se proteger.

A prática da paciência é, tradicionalmente, dividida em três partes:

» **Permanecendo calmo:** Se você conseguir evitar retaliar com raiva quando alguém ou algo o prejudica ou frustra, estará praticando essa forma de paciência. Uma maneira de realizar esse feito é pensar como você tornaria a situação pior, se retaliasse. Outra maneira é analisar a situação cuidadosamente e perceber que a outra pessoa está, primordialmente, tentando encontrar a felicidade, assim como você, mas de uma maneira irritante e mal orientada. Geralmente, a única maneira de melhorar uma situação difícil é simplesmente se recusar a entrar nela com raiva. Se você, de fato, decidir confrontar a pessoa, poderá então fazer isso com compaixão e sabedoria, o que faz toda a diferença do mundo.

» **Aceitando o sofrimento:** Mesmo quando alguém — ou algo — não está o atacando ou irritando, você ainda continua a experimentar o sofrimento na vida. Assim será enquanto você não erradicar suas causas dentro da própria mente e comportamento (veja o Capítulo 13). Em outras palavras, enquanto for presa das ilusões gêmeas da ganância e aversão (querer o que você não pode ter e esperar destruir o que o incomoda), você definitivamente irá sofrer. E, até que tenha sucesso em alcançar a iluminação plena, ponto em que a raiva desaparece de seu coração para sempre, você precisará encontrar uma maneira de se relacionar com esse sofrimento que não faça com que perca sua calma.

Uma maneira de conseguir isso é motivar-se vendo o autocontrole paciente como uma oportunidade de exaurir seu karma negativo (veja o Capítulo 12). Outra é cultivar a equanimidade (uma das quatro atitudes incomensuráveis que discutimos na seção "Estabelecendo a equanimidade", anteriormente, neste Capítulo), o que permite que você aceite sua experiência, independente de ela ser dolorosa. Finalmente, em um nível mais profundo, a raiva se dissolve e a paciência surge naturalmente, quando você vê as outras pessoas — inclusive aquelas que o perturbam, como não sendo diferentes de você.

» **Desenvolvendo convicção no dharma:** Em todo este livro, falamos sobre a prática do dharma — basicamente, o treinamento de sua mente — como a única maneira confiável de se proteger e de realizar seu potencial mais elevado. Mas é difícil superar velhos hábitos, por isso, quando surgem dificuldades, sua tendência é reagir a eles da mesma maneira não habilidosa e destrutiva com que está acostumado. Em outras palavras, na "hora do vamos ver", você tende a esquecer todo o dharma que aprendeu e, com isso, regride. Esse terceiro aspecto da paciência envolve buscar a solução adequada de acordo com o dharma para cada problema que enfrenta, e então fazer o esforço concentrado de aplicar essa solução diretamente à sua situação presente, seja ela qual for.

Praticando com esforço entusiasmado

Em seu sentido mais positivo, *esforço* (que se pode ler como perseverança ou compromisso) é o prazer que você sente ao fazer o que sabe que é certo; o que, no contexto budista, geralmente significa praticar o dharma. Em vez de resistir, você mergulha "de cabeça", com gosto, sabendo que está no caminho certo. Alguns textos até mesmo dizem que a perseverança — ou o esforço entusiasmado — é a paramita mais importante, pois oferece energia às outras cinco.

Um dos principais obstáculos para progredir na prática do dharma, como em qualquer área da vida, é a preguiça — também conhecida como resistência. A quarta perfeição é dividida em três partes, pois cada uma delas combate uma forma específica de preguiça:

» **Superando a indolência:** A *indolência*, aqui, se refere àquilo que a maioria das pessoas entende por preguiça. Ela inclui a procrastinação e outros maus hábitos que o impedem de praticar o dharma nesse instante. Se reconhecer a oportunidade rara e preciosa que tem de tornar essa vida significativa, e a facilidade com que essa oportunidade pode ser perdida, encontrará a energia e a determinação de colocar o dharma em prática, imediatamente.

» **Superando a atração a buscas triviais:** Por mais que possa ser desconfortável admitir, a maioria das pessoas preenche seus dias com distrações desimportantes, que não são genuinamente relaxantes ou realizadoras, mas que, simplesmente, ocupam seu tempo e impedem que você faça o que realmente importa na vida. Assistir a TV, ouvir programas de entrevista, jogar videogames, fazer palavras cruzadas — quantas horas você gasta todos os dias realizando atividades que não têm um significado mais profundo? Quando você reconhecer quanto tempo gasta em tais buscas triviais, poderá lidar com seu comportamento vicioso e ter mais tempo para a prática do dharma.

» **Superando o derrotismo:** Essa forma final de esforço entusiasmado combate as ilusões de inadequação ou incompetência que você pode vir a ter. Você pode pensar que sua mente negativa é tão forte e que sua prática do dharma é tão fraca que você não tem esperança de fazer progresso no caminho espiritual.

Para enfraquecer o poder de tais ideias derrotistas e acabar por eliminá-las de sua mente por completo, você pode usar o que é chamado de *afirmações* (por exemplo, "Sou uma pessoa amorosa, e tenho o poder de ajudar os outros") para lembrar-se de que você também tem a natureza inata de Buda e que, apesar de sua mente ocupada e comportamento não habilidoso, possui as mesmas virtudes inerentes que todas as outras pessoas. Ler livros sobre o dharma pode reduzir suas dúvidas sobre si mesmo e nutrir sua perseverança. Lembre-se de que todos os seres realizados do passado, incluindo Shakyamuni Buda, estiveram, em alguma época, ainda mais iludidos do que você está agora. Se eles foram capazes de gerar o esforço para concluir seu caminho, o que o impede de fazer o mesmo?

Aprimorando sua concentração

A técnica budista básica para desenvolver a *concentração* é, simplesmente, escolher um objeto específico de meditação, depositar sua atenção sobre ele e a manter ali, sem hesitar. Você pode escolher entre uma ampla gama de objetos, inclusive sua respiração (veja o Capítulo 7), um pedaço de cor, a imagem visualizada de Shakyamuni Buda, ou até mesmo a própria mente, apenas para mencionar alguns.

Diferentes tradições têm as próprias práticas preferidas, e alguma quantidade de concentração é importante para todas elas. Por exemplo, os seguidores de certas escolas devocionais da Terra Pura do Budismo focam sua energia em ganhar o renascimento no paraíso ocidental de Amitabha Buda. Como parte de seu treinamento, eles praticam a visualização desse Buda e de seu ambiente com o máximo de detalhes possível, até que a imagem apareça com uma clareza absoluta no olho de sua mente. Os seguidores da tradição Rinzai Zen concentram grande parte de sua atenção em solucionar os *koans* (histórias com ensinamentos enigmáticos) — como o famoso "Qual é o som de uma mão?" ou "Qual é seu rosto original antes de seus pais nascerem?" — até que superem as limitações do pensamento comum e conceitual. (Veja o Capítulo 5 para saber mais sobre essas duas tradições.) Sem uma concentração forte e contínua, nem os seguidores da tradição Terra Pura nem da tradição Zen provavelmente conseguiriam atingir um grande sucesso — e o mesmo se aplica a praticantes dedicados, das outras tradições.

Fortes poderes de concentração levam tempo para ser desenvolvidos, embora, ocasionalmente, um meditador novato possa fazer avanços surpreendentemente rápidos (conheça a história de Dipa Ma, no Capítulo 15). Mesmo que você tente se concentrar em um objeto específico (sua respiração, por exemplo), uma série de aspectos podem chamar sua atenção facilmente e o distrair, inclusive:

» Sons (de trânsito, pássaros, e assim por diante)

» Sensações físicas (dor em seus joelhos ou coceira)

- **»** Memórias (por exemplo, o que você comeu no café da manhã)
- **»** Antecipações e expectativas para o futuro (talvez o que você quer no almoço)
- **»** Praticamente qualquer outra experiência

Muitas dessas experiências são distrativas, pois estimulam um forte desejo, apego, irritação ou frustração. (Confira o relato no Capítulo 3 da tentação de Mara ao interferir na concentração de Buda debaixo da árvore Bodhi ao conjurar imagens de sua esposa e filho.) Por esse motivo, os meditadores que estão tentando desenvolver uma concentração poderosa e centrada geralmente praticam soltar-se de seus fortes apegos e aversões reconhecendo como são fugazes e insatisfatórios (veja o Capítulo 2). A concentração profunda pode apenas prosperar em uma mente satisfeita.

Nos primeiros estágios de sua prática, você tem que ser paciente e persistente, concentrando de maneira firme (mas gentil) sua atenção de volta para o objeto da meditação toda vez que ela se distancia, o que, provavelmente, acontecerá com frequência. Mas, se você praticar com diligência, sua atenção começará a tender, naturalmente, em direção ao objeto de meditação (em vez das distrações) e acabará se acalmando sozinha. Em vez de estar à mercê de sua mente inconstante, você gradualmente se torna perito em a controlar.

Se sua prática for bastante diligente, você poderá atingir um nível de concentração muito além do que normalmente vivencia. Por exemplo:

- **»** Poderá desenvolver a capacidade de dirigir sua atenção aos objetos de meditação escolhidos e fazer com que sua atenção permaneça ali — com pouco ou nenhum esforço — sem ser perturbada por distrações ou estagnações.

  Esse nível de concentração não apenas aprofunda sua prática de meditação, mas também gera efeitos benéficos em sua vida, de forma geral. Perturbações como raiva, ganância e inveja não podem surgir facilmente em uma mente calmamente concentrada; quando isso acontece, elas não duram por muito tempo.

» A concentração profunda também leva equilíbrio ao corpo e à mente, resultando no desaparecimento, até mesmo, de indisposições crônicas.

» A concentração profunda permite que você se concentre — sem hesitar — em qualquer tarefa, contribuindo para que você funcione de maneira muito mais eficiente no trabalho e no lazer.

Primordialmente, no entanto, o propósito de desenvolver o poder da concentração profunda é permitir que você investigue a natureza da realidade. Apenas dessa maneira você pode desenvolver a compreensão penetrante que elimina a ignorância, a causa raiz de todo sofrimento e insatisfação. Essa compreensão, também conhecida como sabedoria, é o tópico da última das seis perfeições.

Capítulo **15**

Quatro Mestres Modernos Budistas

O s outros capítulos da Parte 4 oferecem uma ideia de como um seguidor do Budismo pode desenvolver sua mente até alcançar o estágio espiritual do despertar. Essas informações são interessantes e úteis (pelo menos assim esperamos), mas você pode ainda ter uma dúvida: "Como posso ter certeza que essas coisas realmente funcionam?"

Você pode querer saber por si mesmo se as alegações feitas em nome do caminho budista são possíveis — se o caminho realmente leva ao tipo de autotransformação ilustrada nas histórias sobre Buda e outros mestres (veja o Capítulo 3). A única maneira de descobrir, verdadeiramente, se as alegações são legítimas é testando os ensinamentos budistas por conta própria, para ver o que acontece. Mas nem todo mundo se sente motivado a se comprometer com a prática sem uma fonte de inspiração que realmente demonstre que é válido seguir o caminho espiritual. Seu guru pessoal, ou mentor espiritual, tradicionalmente desempenha esse papel.

Devido ao fato de você, provavelmente, ainda não ter encontrado um mestre ou guru, oferecemos a você um grande feito neste capítulo: uma visão detalhada de quatro mestres budistas modernos admirados por budistas — ou não — como exemplos inspiradores daquilo que a vida espiritual pode gerar. Embora todos esses quatro mestres tenham nascido na Ásia — e os dois primeiros tenham falecido no final do século XX — sua influência ainda está bastante viva no Ocidente hoje em dia.

Dipa Ma (1911-1989)

Embora os ensinamentos de Buda estejam disponíveis para todos, os homens — e especialmente os monges — dominam a história do Budismo desde seu início até hoje. Essa situação é lamentável, mas não muito surpreendente. Durante milhares de anos, todas as principais culturas do mundo foram organizadas seguindo linhas patriarcais (dominadas por homens), e as organizações budistas simplesmente refletem esse preconceito cultural.

Felizmente, essa situação desequilibrada está começando a mudar, especialmente no Ocidente, em que um número crescente de mulheres praticantes e mestras alcançou proeminência nos círculos budistas. Mas independentemente de você ser homem ou mulher poderá encontrar inspiração na vida de Dipa Ma, uma dona de casa de Bengali que superou circunstâncias de vida extremamente desafiadoras para se tornar uma das mestras budistas mais realizadas de sua época. Uma geração de mestres Vipassana no Ocidente a reverencia.

Passando seus primeiros anos como esposa e mãe

Dipa Ma, cujo nome original era Nani, nasceu no ano de 1911 nos berços de uma família budista em uma pequena vila, na região que agora é conhecida como Bangladesh. A mais velha de sete filhos, Nani exibia um interesse surpreendentemente forte pelo Budismo desde pequena. Em vez de brincar de cozinhar e cuidar da casa, como as outras garotinhas, ela adorava passar seu tempo com monges budistas e fazer oferendas de flores a imagens de Buda. Ela também expressava um forte interesse pelos estudos budistas, mas sua educação formal terminou aos 12 anos, quando, assim como ditava o costume, sua família a ofereceu em casamento a um homem com muito mais que o dobro de sua idade.

Felizmente, seu marido, Rajani, era um homem bom, que logo aceitou um trabalho como engenheiro em Rangoon, Birmânia (hoje Mianmar), onde o casal se tornou ativamente envolvido com a comunidade budista. Embora Nani e Rajani tenham acabado por se apaixonar, seu casamento tinha apenas um grande defeito do ponto de vista tradicional: não havia gerado filhos. Durante mais de 20 anos, o casal permaneceu sem filhos, até que Nani, surpreendentemente, descobriu-se grávida, finalmente. Mas sua alegria não durou muito, pois sua tão esperada filha faleceu com apenas três meses. Nani quase morreu de tristeza; mas, quatro anos depois, engravidou novamente. Dessa vez, sua filha, que o casal chamou de Dipa, sobreviveu. Nani ficou tão feliz que, desse momento em diante, passou a ser conhecida como Dipa Ma — a mãe de Dipa.

Superando indisposições físicas por meio da meditação

Durante seu casamento, Dipa Ma frequentemente pedia ao seu marido permissão para meditar, mas ele recusava, consistentemente, sugerindo que ela seguisse o costume indiano de esperar até que tivesse idade suficiente antes de buscar uma vida espiritual.

Durante uma vida de tragédia e dor, Dipa Ma manteve seu desejo de aprender a meditação, vivo. Ela passou por doenças no coração, a morte de uma filha recém-nascida, doenças que a mantinham constantemente acamada e, finalmente, o ataque cardíaco e a repentina morte de seu marido. Viúva e inválida aos 44 anos, Dipa Ma se encontrou nas profundezas do desespero, sem nada mais a fazer além de encarar a perspectiva da morte. Nesse ponto, seu médico recomendou a meditação como a única esperança para sua sobrevivência. Dipa

Ma percebeu, mais claramente do que nunca, que apenas a prática da meditação aliviaria seu sofrimento e ofereceria a ela a paz verdadeira. Confiando sua filha aos cuidados de um vizinho, ela se encaminhou até o Centro de Meditação Kamayut, em Rangoon.

LEMBRE-SE

Surpreendentemente, após apenas um breve período de instrução, Dipa Ma conseguiu atingir o estado de profunda concentração meditativa, conhecido como *samadhi*. Voltando para sua filha, ela continuou sua prática de meditação em casa durante diversos anos antes de conhecer o mestre de meditação de Bengali, Munindra, e seu estimado mestre de Birmânia, Mahasi Sayadaw — ambos fundamentais ao trazer a prática viva da meditação budista ao Ocidente. Durante um retiro no centro de Mahasi Sayadaw, Dipa Ma rapidamente progrediu para experiências mais profundas do *samadhi*, até que acabou vivenciando o primeiro estágio da iluminação, um momento de tranquilidade inexpressível que mudou sua vida para sempre.

Em cada estágio sucessivo de sua jornada interior, Dipa Ma ultrapassou barreiras cada vez mais espessas de tormento e dor, além do abandono dos níveis mais profundos de apego. Por meio dessas experiências, sua saúde melhorou nitidamente: sua pressão sanguínea retornou ao normal, suas palpitações no coração desapareceram por completo e ela recobrou seu vigor físico após anos de doença e tormento físico. Gradualmente, progrediu pelos estágios da iluminação (veja o Capítulo 10), abandonando todos os traços de pesar, raiva e medo, e atingindo paz e serenidade imperturbáveis, até que sua realização estivesse completa. Em pouco mais de um ano, a mãe e dona de casa debilitada havia se transformado na encarnação viva dos ensinamentos budistas.

Dividindo sua história com os outros

Surpresos e inspirados por seu exemplo, amigos e vizinhos, que haviam deixado por completo de ter esperanças quanto à sua sobrevivência, começaram também a praticar meditação. Dipa Ma começou a aceitar alunos, ensinando a eles como transformar cada momento de suas vidas em meditação. Por exemplo, ela ensinava a mães e donas de casa como permanecer firmemente atentas sempre que lavavam as louças, a roupa ou quando estavam cuidando de seus filhos. "Você não pode separar a meditação da vida", ela frequentemente aconselhava. "Todo o caminho da atenção envolve tudo o que você faz. Tenha consciência disso." Posteriormente, quando deixou Miamar e se mudou para um pequeno apartamento fora de Calcutá, ela atraiu um número constante de donas de casa que queriam conhecer sua abordagem prática do treinamento da atenção.

LEMBRE-SE

Pouco tempo após seu despertar, sob a orientação de Munindra, Dipa Ma desenvolveu muitos dos poderes aparentemente milagrosos sobre os quais você só lê nas lendas dos antigos mestres de meditação — aparecer em dois lugares ao mesmo tempo, andar pelas paredes e viajar no tempo. Mas ela logo deixou de demonstrar esses *siddhis* (o nome desses poderes extraordinários), pois, por si próprios, esses poderes não levam à libertação do sofrimento — o único verdadeiro objetivo da prática. Em vez disso, ela instruía seus alunos a observar os preceitos do comportamento moral puro e dedicar-se ao bem-estar dos outros, práticas que ela seguiu pelo resto de sua vida.

Embora tratasse cada pessoa que fosse até ela como um filho ou filha e oferecesse a todos que conhecia seu amor e bênçãos, Dipa Ma também podia mostrar autoridade ao encorajar seus alunos a se aprofundar ainda mais, praticar com mais diligência e usar cada movimento como se fosse o último. Em uma cultura que ainda considerava as mulheres como inferiores, Dipa Ma dizia a suas alunas mulheres que elas podiam, de fato, se aprofundar mais na prática do que os homens, pois suas mentes eram mais calmas e suas emoções, mais acessíveis. Entre as pessoas que vieram a receber a instrução, encorajamento e inspiração de Dipa Ma estão ocidentais como Joseph Goldstein, Sharon Salzberg e Jack Kornfield. Esses indivíduos acabaram se tornando mestres de meditação influentes na América do Norte. Em meados de 1980, Dipa Ma aceitou, duas vezes, o convite desses mestres para visitar a Insight Meditation Society, em Massachusetts, e ajudar a liderar os retiros. Ela faleceu serenamente em seu pequeno apartamento em Calcutá, em 1989, com sua filha e um aluno devoto a seu lado. Ela fazia uma reverência a Buda com as mãos unidas como em uma prece.

Ajahn Chah (1918-1992)

A tradição Theravada ("O Caminho dos Anciãos") é a tradição budista mais antiga que continua a existir no mundo (veja o Capítulo 4 para saber mais sobre a história Theravada), e sua presença no Ocidente deve muito ao trabalho de muitos anciãos modernos, como o Venerável Ajahn Chah.

Encontrando seu caminho na floresta da vida

Nascido em 1918, em uma pequena vila no nordeste da Tailândia, Ajahn Chah passou diversos anos como monge noviço enquanto jovem, e depois voltou para sua família, para ajudar em sua fazenda. Aos 20 anos, ele retomou a vida monástica, recebendo a ordenação plena em 1939 e devotando seus primeiros anos como monge ao aprendizado do pali (o idioma das escrituras Theravada) e a estudar textos budistas tradicionais — o treinamento típico na maioria dos monastérios tailandeses da época.

Mas a morte de seu pai levou Ajahn Chah a buscar um entendimento mais do que intelectual. Ele iniciou uma busca para descobrir o significado essencial dos ensinamentos de Buda. Ele havia lido bastante sobre os *três treinamentos* da moralidade, meditação e sabedoria, mas ainda não conseguia entender como os colocar em prática. Sua dúvida lacerante acabou levando-o a Ajahn Mun (1870-1949), a autoridade máxima na Tailândia, responsável pelo ressurgimento da antiga tradição de ocupar florestas da meditação budista. (*Ajahn* — também grafado como *Achaan* — é um termo de respeito conferido a mestres seniores que começaram a ensinar.) Ajahn Mun ensinou a ele que, embora os ensinamentos escritos fossem extensos, a prática central, a atenção, é, na verdade, bastante simples. (Para saber mais sobre a atenção, veja o Capítulo 7.)

Com o modo de prática esclarecido, Ajahn Chah passou diversos anos viajando pela Tailândia e vivendo em selvas infestadas por najas e em terrenos de cremação — locais tradicionais para aprofundar a prática da meditação e confrontar o medo da morte. Após anos vivendo como nômade, durante os quais seu próprio despertar se aprofundou e tornou claro, Ajahn Chah foi convidado a voltar à sua vila natal. Discípulos começaram a se juntar a seu redor, apesar das moradas humildes, da comida escassa e dos mosquitos existentes na região que transmitiam malária. A pureza e a sinceridade de sua prática atraíam essas pessoas, mesmo em face de condições adversas. Ajahn Chah fundou o monastério agora conhecido como Wat Pah Pong, e monastérios da mesma linha surgiram, gradualmente, na área vizinha.

Ajahn Chah ficou conhecido por sua grande habilidade de adaptar suas explicações do dharma a cada grupo específico de ouvintes. Provenientes das profundezas da própria experiência meditativa, suas apresentações sempre foram claras, geralmente bem-humoradas e inevitavelmente profundas. Logo, monges e leigos de toda a Tailândia passaram a frequentar seu monastério (wat) na floresta para compartilhar de sua sabedoria.

Fazendo resplandecer a trilha monástica

Em 1966, o recém-ordenado monge norte-americano, o Venerável Sumedho, que começou seu treinamento em um monastério próximo à fronteira com o Laos, foi morar em Wat Pah Pong. A comunidade o aceitou como discípulo, contanto que estivesse disposto a comer a mesma comida e passar pela mesma prática rígida que os outros monges. Após o Venerável Sumedho ter passado cinco retiros das estações chuvosas em Wat Pah Pong, Ajahn Chah o considerou qualificado para ensinar. Juntos, fundaram o International Forest Monastery. O Venerável Sumedho se tornou o abade do primeiro monastério na Tailândia regido por e para monges falantes de língua inglesa.

Outros ocidentais chegaram e se foram durante os anos 1960 e 1970, incluindo Jack Kornfield — um dos pioneiros da tradição Vipassana nos Estados Unidos e um dos fundadores da Insight Meditation Society, em Massachusetts, e do Spirit Rock Center, na Califórnia. Após um período no Corpo da Paz da Tailândia, Kornfield passou diversos anos como monge em Wat Pah Pong, sob a orientação de Ajahn Chan, antes de voltar para o Ocidente e começar a ensinar, em 1975.

Quando Ajahn Chah foi convidado a ensinar na Grã-Bretanha, em 1977, levou o Venerável Sumedho e diversos outros monges consigo. Vendo o interesse ocidental pelo dharma, Ajahn Chah permitiu que Sumedho e outros monges ficassem para trás, na sede do English Sangha Trust, em Londres, para ensinar. No ano seguinte, o Chithurst Buddhist Monastery foi estabelecido em Sussex, Inglaterra. Esse evento marcou a primeira vez que ocidentais altamente treinados levavam a tradição monástica Theravada original ao Ocidente. (Em 1983, o monastério se mudou para Hemel Hempstead, Inglaterra, e foi renomeado como Amaravati.) Com o tempo, discípulos ocidentais, por meio da orientação e inspiração de Ajahn Chah, estabeleceram outros centros na Europa, Austrália, Nova Zelândia, entre outros.

Após mais algumas visitas ao Ocidente, a diabete de Ajahn Chah começou a piorar e sua saúde, a se deteriorar. Como um verdadeiro mestre, ele usou essa condição de piora para ensinar a seus discípulos detalhes sobre a impermanência e a necessidade de seguir o caminho espiritual com diligência. Mesmo quando ficou de cama e não conseguia mais falar, sua presença atraía inúmeros monges e leigos a seu monastério, para praticar. Finalmente, em 1992, o Venerável Ajahn Chah faleceu, após levar um benefício indescritível àqueles que buscavam o caminho espiritual em todo o mundo.

Thich Nhat Hanh (nascido em 1926)

A última metade do século passado presenciou o crescimento de um movimento conhecido como Budismo Engajado, que combina princípios budistas tradicionais com ações sociais não violentas inspiradas por mestres modernos como Gandhi e Martin Luther King Jr.

Um dos fundadores e uma das figuras mais influentes nesse movimento é o monge zen vietnamita Venerável Thich Nhat Hanh, que trabalhou incansável e extensivamente em nome dos pobres e oprimidos de todo o mundo.

Trabalhando pela paz em tempos de guerra

Nascido na região central do Vietnã, em 1926, Thay (como seus alunos o chamam) se tornou um monge budista em 1942. Ele foi o membro fundador de um centro de estudos budistas na parte sul do Vietnã, aos 24 anos. Após passar dois anos estudando e lecionando religião comparativa nos Estados Unidos, Thay voltou ao Vietnã, onde ajudou a liderar um movimento de resistência baseado nos princípios de não violência de Gandhi contra as forças que estavam destruindo seu país durante as guerras indo-chinesas.

Thich Nhat Hanh também fundou a Youth for Social Service, uma organização que mandou mais de 10 mil monges, monjas e jovens trabalhadores de serviços sociais para o interior do país para fundar clínicas de saúde e escolas, e para ajudar a reconstruir vilas que haviam sido bombardeadas durante as guerras na Indochina. Em um padrão que se repetiu por muitas vezes, os pedidos de Thay a favor da reconciliação entre as partes da guerra o deixaram com problemas com ambos os lados durante os conflitos vietnamitas que ocorriam.

LEMBRE-SE

Em 1966, pouco após o início da intervenção armada dos Estados Unidos no Vietnã, Thich Nhat Hanh viajou para os Estados Unidos sem patrocínio ou sanção oficial de qualquer tipo. Sua missão era descrever aos norte-americanos o sofrimento de seus irmãos e irmãs vietnamitas, como forma, também, de fazer um apelo aos líderes militares e aos ativistas sociais por um cessar-fogo e um acordo de negociação. Martin Luther King Jr., outro proponente do tipo de não violência de Gandhi, sentiu-se tão tocado por Thich Nhat Hanh e suas propostas que se posicionou publicamente contra a Guerra do Vietnã e, em 1967, nomeou Thay ao Prêmio Nobel da Paz. Durante essa mesma visita, Thich Nhat Hanh conheceu Thomas Merton, um monge católico e autor bastante conhecido, que disse a seus alunos: "A maneira como ele abre a porta e entra em um lugar já demonstra sua compreensão. Ele é um verdadeiro monge."

Continuando sua busca, Thich Nhat Hanh viajou para a Europa, onde se encontrou duas vezes com o Papa Paulo VI para pedir a cooperação católica e budista no sentido de ajudar a levar a paz ao Vietnã. A pedido da Igreja Budista Unificada do Vietnã, Thay liderou a delegação budista nas palestras do Paris Peace, em 1969. Mas, em 1973, quando o acordo de paz entregou o sul do Vietnã aos comunistas, o governo se recusou a deixá-lo entrar novamente em sua terra natal. Desde então, Thay vive na França, liderando retiros de meditação, escrevendo e continuando seu trabalho em nome da paz e da reconciliação.

Criando novos começos a partir de ideais clássicos

Em 1982, Thay estabeleceu a Plum Village, um grande centro de retiro e comunidade de meditação próximo a Bordeaux, em que pessoas de todo o mundo se reúnem para praticar a atenção. A Plum Village também serve como refúgio, em que ativistas envolvidos nos trabalhos de paz e justiça social vão para descansar e obter realização espiritual, e como um lugar em que os expatriados vietnamitas encontram um lar longe de casa. Usando a Plum Village como sua casa, Thay continuou suas viagens frequentes, liderando retiros e oferecendo oficinas sobre atenção e ação social em todo o mundo. Seus ensinamentos gentis são firmemente baseados em temas budistas clássicos, como atenção, compreensão e compaixão. Esses ensinamentos enfatizam que, para alcançar a paz mundial, precisamos estar em paz com nós mesmos. Seus mais de 75 livros de prosa, poesia e preces o tornaram um autor internacionalmente reconhecido.

Nos últimos anos, Thich Nhat Hanh estabeleceu uma nova linhagem (ou escola) budista, no que ele chama de Ordem da Interexistência. Essa ordem baseia-se em um novo trabalho dos preceitos budistas tradicionais conhecidos como os 14 "treinamentos da atenção". Cada treinamento da atenção começa com uma consciência de determinadas verdades budistas ou de certas injustiças difundidas. A consciência é então seguida por um compromisso de se comportar de uma maneira mais compassiva, atenta e espiritualmente informada.

Thay tornou os preceitos mais relevantes às preocupações contemporâneas, inclusive a ameaça crescente ao meio ambiente, a exploração das nações em desenvolvimento por empresas multinacionais e os conflitos e o terrorismo causados pelo fanatismo religioso. Por meio de sua influência mundial sobre as pessoas que trabalham pela paz, esse gentil monge, que pratica a caminhada vagarosa e a consciência atenta que ensina, ajudou mais na causa da paz e da justiça incorporando a paz e a justiça em si próprio.

O Dalai Lama (nascido em 1935)

O líder budista mais famoso do mundo é o monge Tenzin Gyatso, mais popularmente conhecido como o Décimo Quarto Dalai Lama do Tibete. O título Dalai, a palavra mongol para "oceano", foi oferecido a um lama tibetano proeminente — ou seja, um guru, ou mestre espiritual — há mais de 400 anos por um rei da Mongólia. Esse rei ficou tão impressionado com a presença espiritual do lama que o considerava um "oceano de sabedoria". Cada Dalai Lama sucessivo teve o termo Gyatso, que em tibetano significa "oceano", adicionado como parte de seu nome oficial. Aliás, a palavra Tenzin no nome do atual Dalai Lama significa "portador dos ensinamentos". Devido a esse mestre espiritual reverenciado e líder político ser tão conhecido, oferecemos um relato um tanto mais extenso de sua vida e trabalho em relação aos outros três mestres que discutimos anteriormente neste capítulo.

Entendendo o legado da reencarnação

LEMBRE-SE

O presente Dalai Lama é o 14º em uma linha de mestres espirituais tibetanos que data de mais de 500 anos. Inclusos nessa linhagem estão alguns dos meditadores, mestres, autores e poetas mais realizadores da história tibetana. Desde a época do Quinto Dalai Lama, Lobzang Gyatso (1617-1682) — conhecido por todos os tibetanos como o Grande Quinto — os sucessores dessa linha também foram líderes espirituais e seculares da nação tibetana. (Essa configuração é como uma pessoa ocupando a posição de papa e rei ao mesmo tempo.) Durante o reinado do Grande Quinto, o Palácio de Potala, a residência dos Dalai Lamas, foi construído em Lhasa. Além do próprio Dalai Lama, essa estrutura imponente permanece sendo o símbolo mais reconhecido do Tibete hoje em dia.

Um dos aspectos singulares da cultura tibetana é a maneira como a posição de um líder espiritual e secular passa de uma geração para outra. Uma pessoa não se torna o Dalai Lama herdando o trono de um parente falecido, nem recebe essa posição como resultado de uma eleição. Em vez disso, quando cada Dalai Lama morre, seu sucessor é descoberto e então toma seu lugar.

LEMBRE-SE

Esse sistema baseia-se no princípio da reencarnação (veja o Capítulo 13 para saber mais sobre esse processo). De acordo com os ensinamentos budistas, quando meditadores bem treinados adquirem controle suficiente sobre sua mente por meio da prática espiritual, podem permanecer conscientes enquanto morrem e, de fato, escolher onde renascerão e para quais pais serão entregues. Selecionar o local de seu renascimento aumenta as chances de serem descobertos em uma idade precoce (geralmente por um ou mais de seus antigos discípulos). Essas jovens crianças (chamadas de tulkus, ou lamas encarnados) são então educadas de acordo com as mesmas disciplinas espirituais que seus predecessores dominavam. Os ensinamentos que haviam passado aos outros agora são apresentados de volta a eles. Devido ao fato de já estarem familiarizados com esses ensinamentos de suas vidas passadas, sua educação geralmente acontece de forma bastante rápida, permitindo que retomem, rapidamente, à função para a qual sua carreira espiritual os preparou: oferecer o benefício máximo aos outros.

Muitos lamas encarnados viveram no Tibete. E, de acordo com alguns relatos, 200 (dentre aproximadamente 1.000) conseguiram fugir quando os chineses tomaram o Tibete, nos anos 1950. O mais importante desses tulkus a escapar foi o Dalai Lama, que é reverenciado como a encarnação humana do bodhisattva da compaixão, *chenrezig* em tibetano. Considerado o protetor da Terra das Neves (Tibete), Chenrezig é a deidade patrona dos tibetanos.

Revendo a juventude do atual Dalai Lama

Na época do Grande Quinto, Dalai Lama havia se tornado o líder secular e espiritual supremo dos tibetanos. Assim como o Quinto Dalai Lama, o Décimo Terceiro também era chamado de Grande, e quando ele faleceu, em 1933, diversos sinais indicavam que sua reencarnação aconteceria em algum lugar ao nordeste de Lhasa, a *capital do Tibete*. O oráculo do estado — um monge clarividente que o governo sempre consultou quanto a questões importantes — confirmou que a busca pelo novo Dalai Lama deveria se concentrar na província mais ao nordeste de Amdo, não longe da fronteira com a China.

Para simplificar a busca, o *regente* — um lama agindo como regente temporário — decidiu visitar um local sagrado conhecido como Lago do Oráculo para ver se poderia receber uma visão do local de nascimento do novo Dalai Lama. No lago, ele recebeu diversas visões que consistiam de uma série de letras, uma imagem de um monastério de três andares com um teto de ouro e turquesa e uma casa vizinha com canaletas incomuns, cercada por juníperos em miniatura.

O comitê responsável por decifrar essas pistas determinou que o monastério deveria ser Kumbum, um local sagrado em Amdo, e o local de nascimento do grande mestre Tsongkhapa, o principal guru (mestre) do Primeiro Dalai Lama. Um grupo de lamas elevados, liderado por Keusang Rinpoche, um amigo próximo do Grande Décimo terceiro, encaminhou-se ao monastério de Kumbum para procurar crianças na área que dessem sinais de ser o próximo Dalai Lama. Quando alcançaram a pequena vila de Taktser, que continha uma casa que correspondia à imagem do Lago do Oráculo, o comitê sentiu que sua busca estava prestes a acabar. Nessa casa, eles descobriram Lhamo Thondup, de dois anos e meio — nascido em 6 de julho de 1935. Keusang Rinpoche logo se convenceu de que essa era a criança.

Quando ele voltou a Taktser, diversas semanas depois, Keusang Rinpoche levou dois cajados consigo. Um dos cajados havia pertencido ao Grande Décimo Terceiro. O jovem Lhamo agarrou o cajado e declarou: "Isso é meu! O que você está fazendo com ele?" Lhamo também apanhou o rosário que Rinpoche usava ao redor de seu pescoço — o rosário que o Décimo Terceiro Dalai Lama dera a ele — alegando que lhe pertence. Mais tarde, naquela noite, Keusang Rinpoche colocou uma série de objetos ritualísticos em uma mesa em frente a Lhamo, e o garoto imediatamente escolheu os itens que haviam pertencido a seu predecessor e ignorou o restante. Nesse momento, Keusang Rinpoche sabia que havia encontrado a reencarnação do Dalai Lama. Mas as negociações com o líder militar local levaram mais de um ano, e a viagem de três meses a Lhasa só começou em julho de 1939, quando Lhamo tinha quatro anos. Na primavera seguinte, Lhamo Thondup foi formalmente entronado como o Décimo Quarto Dalai Lama e vestiu os trajes de um monge. No início, seus tutores simplesmente se concentravam em o ensinar a ler. Mas por fim o jovem garoto começou a seguir o cronograma rigoroso de um monge. Ele acordava de manhã cedo, recitava preces, meditava e memorizava e recitava textos — tudo antes do almoço! Depois do almoço, suas lições continuavam com ainda mais estudo dos textos filosóficos que compunham a parte mais importante da educação de um monge. Aos 12 anos, Dalai Lama participou de um sério debate, aprendendo como defender e atacar enérgica e habilmente as diferentes posições filosóficas apresentadas nesses textos.

Lidando com os chineses

Um aspecto do treinamento do Dalai Lama era significativamente diferente do treinamento dos monges comuns. Além de seus estudos, ele também passava parte do dia participando de reuniões com ministros do governo. Embora fosse apenas uma criança, sua presença nessas reuniões para tomadas de decisões o deixou ciente da enorme responsabilidade que se esperava que ele assumisse algum dia. E esse dia chegou mais cedo do que todos esperavam.

No final de 1949, a China começou a acumular tropas ao longo da fronteira ao leste do Tibete. Eles estavam se preparando para uma invasão que acabaria por dominar todo o país e levar ao fim uma cultura e maneira de vida que havia sobrevivido por séculos. Os chineses já queriam incorporar o território tibetano à China há um tempo, e a revolução comunista na China (pouco tempo após o fim da Segunda Guerra Mundial) ofereceu a eles uma oportunidade de entrar no Tibete sem a oposição das potências mundiais.

Durante os dez anos seguintes, o Dalai Lama tentou negociar com as autoridades chinesas que haviam assumido o controle do Tibete com o suposto propósito de "libertar o Tibete das forças do imperialismo". As únicas forças imperialistas, no entanto, eram os próprios chineses invasores. O Dalai Lama tentou salvar os tibetanos da devastação que encaravam, mas não pôde fazer muito. Em 1954, os principais líderes da China convidaram Dalai Lama para se reunir com eles em Pequim. Os oficiais tentaram fazer com que ele visse os benefícios do comunismo. Mas quando ele reclamou ao presidente Mao que os soldados chineses estavam atacando e destruindo as instituições religiosas tibetanas — o núcleo da identidade cultural tibetana —, recebeu uma resposta impiedosa. "A religião é um veneno", disse-lhe o líder chinês. Nesse momento, o Dalai Lama percebeu como a situação tinha se tornado insustentável.

Em 1956, o 2.500º aniversário do falecimento de Buda, o Dalai Lama aceitou o convite do primeiro ministro indiano, Nehru, para viajar à Índia a fim de celebrar essa ocasião importante. Na Índia, ele informou a Nehru sobre os perigos que o Tibete enfrentava e recebeu a garantia do primeiro-ministro de que se uma guerra fosse declarada com os chineses os tibetanos poderiam procurar asilo na Índia.

Apesar da situação ruim, de suas grandes responsabilidades e das muitas distrações que enfrentou, o Dalai Lama continuou com seus estudos monásticos e, no início de março de 1959, alcançou seu grau de *geshe* (aproximadamente equivalente a um grau de doutorado em filosofia e divindade). Apenas alguns dias depois, a situação constantemente pior no Tibete atingiu seu ponto culminante. Em 10 de março (data comemorada todo ano desde então como o Dia da Insurreição Nacional), dezenas de milhares de tibetanos cercaram a residência de verão do Dalai Lama, o Norbu Lingka, para protegê-lo das forças chinesas que estavam prestes a o sequestrar.

O oráculo do estado declarou que a única opção do Dalai Lama era ir para a Índia imediatamente e continuar a campanha para salvar o Tibete de lá. Por isso, em 17 de março, disfarçado de soldado, o Décimo Quarto Dalai Lama saiu de Norbu Lingka e começou sua jornada até o exílio. Duas semanas depois, após ultrapassar um dos piores terrenos cobertos pela neve do Tibete, ele chegou à Índia para começar uma nova vida. (Para obter uma versão dramática e, em geral, precisa dessa história, confira o filme *Kundun*, de Martin Scorsese.)

Encontrando a liberdade no exílio

Quase um milhão de tibetanos, representando um sexto da população total, tentou fugir com o Dalai Lama em 1959 — e pouco tempo após isso. Mas menos do que 100 mil, de fato, conseguiu chegar com segurança à Índia e aos países vizinhos. No Tibete, o número de mortes pela bruta dominação chinesa era assustador. Muitas pessoas que conseguiram escapar das forças chinesas não prosperaram. Doenças, má nutrição, diferenças climáticas extremas e a dura viagem mataram dezenas de milhares de pessoas.

Para o jovem Dalai Lama, a vida na Índia era muito diferente da vida em sua terra natal. Ele logo se estabeleceu em uma residência modesta na cidade ao norte da Índia de Dharamsala, muito longe do impossibilitado Palácio de Potala, em Lhasa. No Tibete, ele havia vivido praticamente como um prisioneiro — os costumes religiosos chineses e tibetanos antigos, além das instituições, restringiam suas atividades. Agora ele estava muito mais livre para se responsabilizar por sua vida e criar políticas mais alinhadas com os princípios pessoais e seu interesse por métodos científicos e democráticos.

LEMBRE-SE Pouco após chegar à Índia, o Dalai Lama estabeleceu o governo tibetano no exílio em Dharamsala e começou a instituir reformas democráticas na comunidade do exílio, enquanto continuava a monitorar eventos dentro do próprio Tibete.

Com a ajuda do governo indiano, o Dalai Lama fundou comunidades de acordo e restabeleceu monastérios. Sob sua orientação, escolas infantis, instalações médicas, centros de artesanato e outras organizações culturais foram estabelecidas na Índia (e em outros países também). Dessa e de inúmeras outras maneiras, o Dalai Lama, por meio de sua promoção, suporte e encorajamento, conseguiu preservar a identidade cultural tibetana — apesar da destruição devastadora e do genocídio.

Abraçando o papel de embaixador budista para o mundo

Com o passar dos anos, o Dalai Lama (que está tão disposto a aprender quanto está a responder a pedidos de ensinamentos) estabeleceu relacionamentos acolhedores e mutuamente respeitáveis com líderes e seguidores de muitas outras fés. Esse mesmo espírito de compartilhação mútua marcou seu contato frequente com cientistas, líderes políticos, ativistas sociais, psicoterapeutas, artistas, músicos e inúmeros outros indivíduos e grupos de todas as esferas de vida.

O Dalai Lama se tornou um grande participante em tentativas de encontrar uma base comum entre as religiões do mundo. Seus comentários sobre os evangelhos cristãos, por exemplo (reunidos sob o título *The Good Heart: A Buddhist Perspective on the Teachings of Jesus*, publicado pela Wisdom Publications), são considerados uma grande contribuição para um diálogo entre crenças. Ele também mostrou bastante interesse em descobertas científicas sobre o funcionamento do cérebro e como ele se relaciona com o entendimento budista da mente. Para retribuir o favor, ele propôs que fosse realizada uma pesquisa científica sobre os meditadores tibetanos avançados, para que o Ocidente pudesse começar a documentar, usando os próprios métodos, o efeito transformador das práticas espirituais. As conferências sobre Ciência da Mente que aconteceram entre Sua Santidade e figuras de líderes da ciência e da filosofia ocidental já levaram à publicação de inúmeros livros.

Há apenas 50 anos, o mundo do Dalai Lama era ainda bastante restrito. Poucas pessoas tinham acesso a ele, e ele tinha acesso limitado ao mundo externo. Agora, seu rosto sorridente e risada contagiosa são conhecidos por milhões de pessoas em todo o mundo. Ele passa a maior parte de seu tempo viajando, visitando comunidades tibetanas no exterior e oferecendo ensinamentos que são ouvidos por milhares de participantes. Inúmeros documentários foram feitos sobre ele, bem como dois grandes filmes — *Sete anos no Tibete* e *Kundun* — aos quais ele ofereceu um grande suporte.

Desde que recebeu o Prêmio Nobel da Paz, em 1989, por sua luta não violenta em nome dos tibetanos, o Dalai Lama se tornou o budista mais conhecido do mundo e um símbolo reverenciado das virtudes budistas de sabedoria, compaixão, tolerância e respeito. Até mesmo pessoas que não têm interesse na religião reconhecem e respondem à sua bondade, humanidade e humor. Ele, verdadeiramente, tornou-se um embaixador budista para o mundo.